U0716799

教师专业发展

主　编　左群英
副主编　邓　达
参　编（按拼音首字母排序）
　　　　付伟丽　季晓华　龙海霞　杨良群

西安交通大学出版社
XI'AN JIAOTONG UNIVERSITY PRESS

内容提要

　　积极的人生信念、先进的教育理念和有效的教学方法是影响师范生专业成长和职业发展至关重要的因素。本教材把课堂讲授和实践练习结合起来,采用案例分析、模拟教学、活动练习、学生分享、教师精讲点拨等方法,致力于对师范生的就业和未来发展进行指导和训练,让师范生树立正确的教育理念和积极有效的思维方式,并掌握班主任工作、课堂教学等工作的具体方法和技巧,具有很强的应用性和实践操作性,因此也可供一线教师学习和参考。

　　本教材除前言和参考文献外,主体分上编、中编和下编,各编均由三章组成。上编"思想篇"分别从信念系统、目标管理和理解层次三个方面,对教师的教育信念和理念、职业态度和规划等进行分析,目的在于引导师范生和本书读者树立积极的思想信念,培养有效的心智模式和行为模式。中编"素质篇"分别从教师应该具备的专业知识、专业精神和专业智慧进行分析,旨在引导师范生和读者明确专业发展的途径和努力的方向,树立只有把专业知识、专业精神和专业智慧结合起来才能真正实现教师专业发展的意识。下编"方法篇"从班主任的工作技巧、课堂教学方法和心理健康的自我调控三个方面,帮助师范生学习和掌握具体的教育教学方法和技巧,并学会对自我的心理健康进行管理。

图书在版编目(CIP)数据

　　教师专业发展/左群英主编. —西安:西安交通大
学出版社,2015.11(2017.10 重印)
　　ISBN 978 - 7 - 5605 - 5434 - 1

　　Ⅰ.①教… 　Ⅱ.①左… 　Ⅲ.①师资培养-师范大学-教材
Ⅳ.①G451.2

　　中国版本图书馆 CIP 数据核字(2015)第 288380 号

书　　名	教师专业发展	
主　　编	左群英	
责任编辑	王　芬　荣　西	

出版发行　西安交通大学出版社
　　　　　(西安市兴庆南路 10 号　邮政编码 710049)
网　　址　http://www.xjtupress.com
电　　话　(029)82668357　82667874(发行中心)
　　　　　(029)82668315(总编办)
传　　真　(029)82668280
印　　刷　虎彩印艺股份有限公司

开　　本　787mm×1092mm　1/16　　印张 10　　字数 236 千字
版次印次　2016 年 1 月第 1 版　2017 年 10 月第 4 次印刷
书　　号　ISBN 978 - 7 - 5605 - 5434 - 1
定　　价　25.00 元

读者购书、书店添货,如发现印装质量问题,请与本社发行中心联系、调换。
订购热线:(029)82665248　(029)82665249

主编简介

左群英,女,1974年生于四川省仁寿县,教育学博士,主要从事教师教育、德育和心理健康教育研究。大学毕业后在中学执教高中英语六年,后辞职先后攻读硕士、博士学位。现为内江师范学院教育科学学院副教授、应用心理学教研室主任、大学生心理健康中心兼职心理咨询师,成都师范学院基础教育研究中心兼职研究员,公益教育培训机构和谐人生导师学院签约导师。近五年在人民出版社、四川大学出版社等出版社出版学术专著一部,教材二部;发表论文十余篇,其中一篇被中国人民大学复印报刊资料全文转载;获得省部级科研三等奖一项、厅级科研二等奖一项;获内江师范学院"优秀教师""我最喜爱的教师""优秀毕业论文指导教师"等称号。

副主编简介

邓达,男,1969年生于四川省达州市,现为成都师范学院基础教育研究中心主任、教授、博士后、硕士研究生导师,主要从事学校德育、教师教育研究。主持国家社科基金项目、全国教育科学规划办课题、教育部人文社科规划基金项目等各级课题项目十余项;在人民出版社、中国社会科学出版社出版著作及教材十余部,在《教育研究》;《高等教育研究》等刊物上公开发表论文五十余篇,科研成果获省级一、二、三等奖共七项。

教师专业发展 前言
FOREWORD

百年大计,教育为本;教育大计,教师为本。教师是学校教育中最活跃、最关键的因素,其专业素质和教学能力是学校教育持续改进的最深刻的变革力量,是学校教育不断提升的动力源泉。1966年联合国教科文组织在法国巴黎召开了一次关于教师地位的各国政府间特别会议,会议通过了一项题为《关于教师地位的建议》的文件,其中强调:"教育工作应该被视为专门职业。这种职业要求教师具备经过严格而持续不断的研究才能获得并维持专业知识及专门技能的公共业务;它要求对所辖学生的教育和福利具有个人的及共同的责任。"1996年联合国教科文组织召开的第45届国际教育大会又提出:"在提高教师地位的整体策略中,专业化是最有前途的中长策略。"在教师专业化发展的道路上,不少国家以法律形式明文规定教师是专业人员,教师教育是专业教育。我国在《教师法》中也规定了"教师是履行教育教学职责的专业人员"。

2001年6月,教育部颁布了《基础教育课程实施纲要》(试行),提出要大力推进基础教育课程改革。实施新课程是教育面向现代化、面向世界、面向未来的需要,它将推动我国的教育,尤其是基础教育在实验中不断向前发展。能不能实施好新课程,关键在教师,所谓"课程改革,成也教师,败也教师"。尤其是信息技术的高速发展、日益加快的经济全球化进程,使得社会对教师工作质量和效益的要求空前提高。教师专业发展,毫不耸人听闻地成为每一个教师职业发展成败的关键。

积极的人生信念、教育理念和有效的教学方法是影响教师专业成长和职业发展至关重要的因素。本教材把理论实践、课堂讲授和活动练习结合起来,采用案例分析、模拟教学、活动练习、学生分享、教师精讲点拨等方法,致力于对师范生的就业和教师职业发展进行指导和训练,让师范生树立正确的教育理念和积极有效的思维方式,并掌握班主任工作、课堂教学等工作的具体方法和技巧,具有很强的应用性和实践操作性,因此也可供一线教师学习和参考。

本教材除前言和参考文献外，主体分上编、中编和下编，各编均由三章组成。上编"思想篇"分别从信念系统、目标管理和理解层次三个方面，对教师的教育信念和理念、职业态度和规划等进行分析，目的在于引导师范生和本书读者树立积极的思想信念，培养有效的心智模式和行为模式。中编"素质篇"分别从教师应该具备的专业知识、专业精神和专业智慧进行分析，旨在引导师范生和读者明确专业发展的途径和努力的方向，树立只有把专业知识、专业精神和专业智慧结合起来才能真正实现教师专业发展的意识。下编"方法篇"从班主任的工作技巧、课堂教学方法和心理健康的自我调控三个方面，帮助师范生学习和掌握具体的教育教学方法和技巧，并学会对自我的心理健康进行管理。

本教材是中国高等教育学会"普通高等教育'十二五'应用型本科规划教材"，也是四川省 2013—2016 年高等教育人才培养质量和教学改革项目"《教师专业发展》课程与教学整体优化研究与实践"（项目编号 JG201307—233）研究成果，成都师范学院"四川省高校人文社科创新团队'小学教师专业发展研究'"成果。前言、第三章由左群英、邓达编写，第一、二、九章由杨良群编写，第四、七章由龙海霞编写，第五、六章由季晓华编写，第八章由付伟丽编写，全书由左群英、邓达统稿。

本教材的编写参考了学界同仁们编著的相关专著、教材和研究论文等，在此谨向原作者表示衷心的感谢。编写组成员中左群英、杨良群和付伟丽曾参加过香港李中莹先生的"简快身心积极疗法"和"轻松教与学"课程学习，因此教材部分章节的内容参考了李中莹先生所著《简快身心积极疗法》（上、下册）以及相关课程讲义，在此表示特别的感谢。本教材的出版得到了中国高等教育学会和西安交通大学出版社的大力支持和帮助，在此向他们致以诚挚的感谢。

由于我们水平有限，教材中的不足和问题在所难免，恳请同行专家与广大读者提出宝贵的意见和建议，以利于将来修订时加以改进。欢迎通过 zqying2012@163.com 邮箱同我们讨论教材使用中的任何问题。为了教育的改革和进步，让我们共同努力！

左群英、邓达

2014 年 12 月

教师专业发展 目录
CONTENTS

上编　思想篇

中编　素质篇

下编　方法篇

》上编

思想篇

第一章 信念系统与教师专业发展

> 智慧是做事用的,对于灵魂来说,靠的是信念。
>
> ——高尔基
>
> 信念只有在积极的行动之中才能够生存,才能够得到加强和磨炼。
>
> ——苏霍姆林斯基
>
> 也许一个人在教育上成功或失败的原因就是他对自己本身相信了什么。
>
> ——柯伯斯

第一节 信念系统的内涵

信念系统是我们对外界事情产生反应的司令部,它决定了每个人的人生是否成功与快乐。信念系统可以分为信念(Beliefs)、价值(Values)、规条(Rules),简称 BVR(Beliefs－Values－Rules)。

一、什么是信念

(一)信念的概念

信念是存在于个人头脑中的认识和观念(事情应该是怎样的)。例如"我付出了那么多,就应该得到大家的认可""学生就应该听老师的话""课堂上学生就应该认真听讲""教师是天底下最光辉的事业"等,这些带有"应该""就"的说话模式反映了我们头脑中的某种信念。信念还可以理解为:信念是维持世界运作下去的主观法则;信念是解释和支持行动或行为的理由;信念是个人处理事情的原动力;信念是这个世界各类关系的逻辑。

(二)信念的位置

信念绝大部分存在于潜意识里,但在两种情况下信念会在意识层出现:当信念受到冒犯或者挑战;当这个人自觉反省。例如,勤奋工作的教师被同事否定时,会抗争或反思。

(三)信念形成的途径

(1)本人的亲身经验。例如曾被火烫伤而知道火能伤人,曾被狗咬而知道狗能伤人。有的教师通过学习非常认同小组教学模式,于是开始在自己所任教的班级进行尝试,虽然出现一些问题和困难,但总体上觉得这种模式在激发学生兴趣,提高教学效率上和传统的讲授式教学相比,其优势仍然是明显的,于是认为这种模式是值得继续推行并可以不断完善的。

(2)观察他人的经验。例如教师通过观摩其他教师的课堂教学,思考形成自己的教育教学风格和技巧。这个过程既包括学习借鉴他人有效的方法和技巧,也包括观察到他人低效甚至无效的教学过程后反思形成的经验和教训。

(3)他人影响。例如教师在阅读教育名著的时候,会因为认同某位教育家的思想和理念而形成自己的信念。

(4)自我思考做出的总结。例如教师在阅读教育名著的时候,常常不会完全认同某种教育思想,而是会结合自己的教育实践得出自己的一些认识和判断。

二、什么是价值

(一)价值的概念

价值是做一件事情的意义和能够在这件事情里得到的好处(在这件事情里什么最重要?这件事情可以给我带来些什么?或者做这件事情我可以得到些什么?)。弗洛伊德说过,"一个人做一件事,不是为了得到一些乐趣(正面的价值),便是为了避开一些痛苦(负面价值)。"所以价值是做与不做任何事情的原因。

[活动]价值阶梯游戏

目的:思考自己的价值阶梯,了解自己在乎的价值与他人在乎的价值的差异。

时间:20分钟

材料:纸、笔

内容:

1.请组员按照个人想法,根据自己对教师职业的认识把下列六个价值按优先次序进行排列:

A.教师职业很稳定

B.教师有寒暑假

C.教师是人类灵魂的工程师

D.教师对很多孩子的人生有很重要的影响

E.教师的工作具有挑战性

F.因为一辈子和孩子、年轻人在一起,教师可以青春永驻

2.组长在地上划出六个等次范围,让组员站在自己排序最优先的相应位置。每个人环顾左右看看别人站在什么地方,互相交换意见,说明如此排序的理由。

(二)价值的意义

1.价值可以创造、增大和转移

一个人的价值观不是永恒不变的。价值观随着环境、经验、思想和情绪而不断地改变。价值也可以人为地创造、增大和转移。

创造价值:教师可以把重复和沉闷的工作分解为几个分量相等的部分,每完成一个部分时计算一下速度,尝试不断加快完成的速度;或者与同事比赛,这样你会更用心地把事情做好,因为你在乎众人对你的肯定。

增大价值:教师如果在每天的工作中学习到一些新的东西,那么工作的价值就增大了。如正在做的事情对未来的长远目标有益,或者在备课上课的过程中,自己也在进步和提升。

转移价值:不再为了上级的肯定,而是为了提升自己的水平而做好工作;把教学的目的从养家糊口改为促进学生人生发展;不再想眼前的事对一年后的目标有些什么作用,而是将注意力集中在怎样轻松快乐地教,让学生在走向社会前具有生存技能和适应社会的心理素质,从而获得更大的满足感。

2.推动和激励

推动和激励一个人,就是找出他在乎的价值,并且创造、增大和转移这些价值。这样,这个人便对这件事情有兴趣,会主动、积极和认真地去做。有一些价值每个人都会在乎。例如:在工作上除了薪酬福利外,得到别人的尊重、工作过程中感到开心、工作中有所学习、感受到领导对自己的关怀等因素都可以对人产生推动作用。推动和激励学生的秘诀也在这里:不论是看书、温习、做功课或者参加活动,只要在让学生做的事情里面加上一些他们所注重的价值,学生的积极性就会提高。

[活动]价值交换游戏

目的:通过该游戏,理解价值的意义。

时间:30分钟

材料:彩纸、笔

内容:

1.请学生写出自己最在乎的五项人生价值,分别写在不同颜色的纸上。写好后老师集中起来混合,然后再由学生随机抽出五张。看看自己抽到的五张是否是自己写的五张。分享感受,教师积极引导。

2.学生在规定的5分钟时间内用自愿的方式进行价值交换,看是否能交换回自己要的价值。全班分享;教师引导。

三、什么是规条

规条是事情安排的方式,也就是做法。规条的存在,完全是为了取得事情中所体现的价值和实现一些信念。规条会涉及人、事、物的组织安排和活动,因此,有清晰的动词在其中。例如,很多教师因为学生不听自己的话而感到苦恼,他们没有注意到,最初的几次指令学生根本就没有听从。这时就得改变做法,而不是坚持使用无效的方法。

四、信念、价值、规条的关系

信念就像建筑在浅水处的房屋,由一根柱子支撑着,房屋是信念,而柱子就是价值。价值是支持信念的东西。要想房屋的位置有所改变,支撑的柱子一定要改变,即改变价值,信念就能改变。以下通过图1-1、表1-1、表1-2来解释信念、价值和规条的关系。

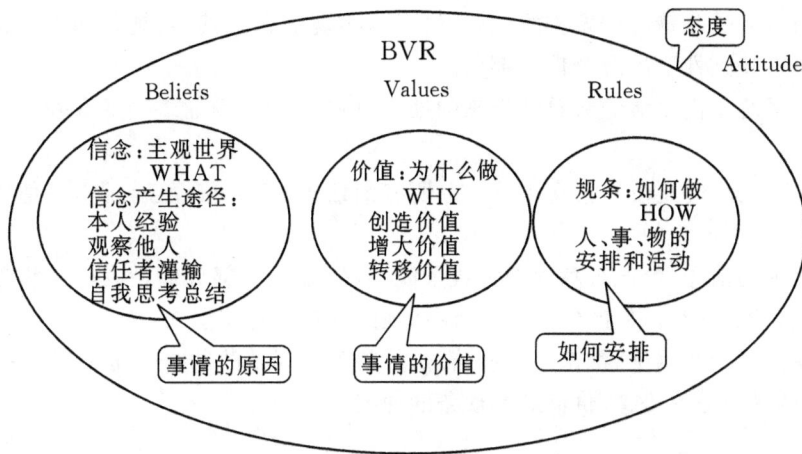

图1-1 信念系统

表1-1 学生课堂上不愿意和愿意回答问题的信念系统举例

信念	没有意义、我做不好	我应该多锻炼多尝试
价值	他们会笑我的,这会让我很难堪	这样可以让我不断提高,可以让我尝试突破
规条	不参与	积极尝试,大胆举手

表1-2 教师是否参加赛课的信念系统举例

信念	我不会成功的	我只有参加了才知道
价值	令我辛苦,得不到回报	令我得到提升和锻炼,或许还有意外收获
规条	不报名参与	积极尝试,认真准备

五、信念系统的意义及对人生的影响

(1)信念、价值和规条统称为"信念系统",是一个人的人生观、意念行为的思想基础。信念系统操纵着我们人生里的每一件事,是做或不做任何事的基本决定因素。信念系统也是我们对事物做出判断的基础和依据。信念系统使我们能自动地去思考和行动。自动的意思是由潜意识去注意环境出现的信息。

(2)人是不会也不可能没有信念、价值和规条而生存的。有些人处于他不熟悉的环境里，便会忐忑不安，那是因为他缺乏对环境的某些信念、价值和规条。

(3)信念系统有一个外壳，就是态度。所以态度其实是 BVR 的表征。只有当一个人的信念、价值或规条有所改变时，他的态度才会改变。

(4)一个人的信念系统加上态度，简单的说便是此人的性格。

(5)信念是事情应该怎样的，是事情的原因；价值是事情的意义，即什么重要、可得到怎样的好处等；规条是事情怎样安排才能取得价值，实现信念。其实，规条和价值也是信念的一部分，是具有特别性质的两个信念部分。

(6)信念系统是由生活经验总结出来的处世模式，让我们无需每件事情都重新学习而知道怎样应付。

(7)一个人出生时是没有信念系统的。所有的信念、价值和规条，都是在他成长的过程中经由生活体验而产生的。

(8)每个人的信念、价值观和规条的数量庞大，但是绝大部分储留在潜意识里。在任何时候，一个正常人，只有少数的信念、价值观和规条存在于意识层次。

(9)所有人的内心困扰，都来自一些信念、价值观和规条的冲突。而人与人之间的冲突，也是起源于两者内心的信念、价值观或规条的冲突。

第二节　教师的局限性信念

【案例】

有什么样的信念，就有什么样的人生①

美国，一所大学普通校舍里，住着两个大学生，一个叫法兰克，另一个叫保罗。

贫穷的保罗几乎从大学二年级开始就不得不靠向同学四处借债度日。

毕业时，负债达 1200 美元之多的保罗不辞而别，从此在同学中销声匿迹。

纷纷找上门来追讨保罗的债主要法兰克有机会时转告保罗，他们将向保罗提出诉讼。

法兰克努力劝说这些愤怒的同学，他说凭他平日里对保罗的了解，保罗虽穷困至极，但他从未被穷困击倒，他拥有着坚强的毅力，而坚毅的人总会出头。他要求这些同学再耐心等待一段时间。

凭借法兰克出众的人格魅力与领导才能，诉讼风波暂时平息了，时间一过就是十年。

十年后，在一次法兰克召集并主持的同学会中，有一个形容消瘦的人中途赶来，仔细一看，竟是保罗。

保罗从怀中掏出一张皱折斑斑的纸片，告诉在座的同学：

"我今天是来还债的，我所借过的每一分钱都详详细细地记录在这张纸上……"

直到这时大家才知道，当时保罗负债离去之后并没有回家，在找遍工作不成之后，他上

---

① http://www.zhlzw.com

了一艘远洋货轮,做了一个勤杂工,他随货轮跑遍了大半个地球。最后辗转到了瑞士,登上陆地后,他找了一份做小学教师的工作,并用微薄的工资积存够了他当年所欠下的债款……

听完保罗的讲述,会场一片沉默,直到法兰克走上前去热烈地拥抱了保罗,大家才醒过神来。

后来,在一篇回忆录中讲出这个故事的是法兰克,法兰克是同学们对他的昵称,他真实的姓名叫富兰克林·罗斯福,是美国的第32任总统,一个瘫痪后又站起来的人,一个说"坚毅的人总会出头"并且自己亲身证明了此话的人。

从上述案例中我们可以看出,一个信念定义一种人生,有什么样的信念,就有什么样的人生。积极的信念定义积极的人生,消极的信念定义消极的人生。梭罗说:"大多数人都生活在平静的绝望之中,快逃出这种境地。"没有信念,便没有思想、没有主见、没有理想的追求。一个没有信念的人,在生活和工作学习中是不能站稳脚跟的。很多教师之所以停步不前或陷入困境,就是因为被局限性的信念"困"在了原地。所有减少自己生存机会、成长和有更好明天可能性的信念都是局限性信念,详见表1-3。

表1-3 教师局限性信念

局限性信念	举例
使自己失去学习机会,因而不能提升的信念	读这些书,学习这些教育理论对实践没有什么用
使自己留在原地,停滞不前的信念	现在已经可以了,无需妄想更多;工作已经这么辛苦,哪有时间去搞什么教学改革
减少自己拥有的选择,限制本人能力发挥的信念	我不敢去尝试,万一失败怎么办;到条件这么差、学生这么调皮懒惰的学校工作,我还谈什么理想、奋斗、成功
把责任交给其他人、事、物,因而自己无能为力的信念	学生不对,为什么要我改变?事情变成这个样子,我也没有办法!环境如此,我有什么办法
把原因交给一些人类不能够控制的因素,因而不能挑战或者改变的信念	这是天意,没有办法!你不能改变世界的定律
维持自己"没有资格"的信念	我的人生只希望平稳,从没想过会有大富大贵的日子;我不可能成为教学名师,开玩笑,成为教学名师是那么容易的事情么

[活动]请阅读下面的材料,分小组讨论"教师信念对课堂教学的影响"。

许多证据表明,没有什么比教师的信念更能影响教师的教学行为。不可否认的是,教师的信念会在教学中产生"蝴蝶效应"。教师的信念是根深蒂固并难以言表的,同时它极具个人色彩。课堂教学决策包括方方面面,有教学方式的选择、教学活动的设计以及作业的布置和检查等等。在决策的过程中,潜在的信念会指挥着教师的日常教学实践。Freeman曾强调在培训教师的过程中,要注重对教师意识和态度的"发展"。教师意识和态度可以分别理解为:教师对教学过程、教学规律和对学生学习需求的意识以及教师对教育的理解、对教育价值的理解和对人的发展的理解。课堂教学决策也会因不同的教师信念而呈现不同的形式。教师信念的"发展"是在反思性教学过程中进行的。当教师们问"我怎样才能轻松快乐地教与学"这样的问题时,当他们试着回答这样的问题时,当他们在教学中系统地收集一些材料、加以总结分析、并与同事探讨问题出现的原因以及如何解决问题时,实际上他们在进行反思性教学。行动研究是一种研究取向、一种研究过程,对于教师来说是一种反思性的教学方式。目前,美国和世界上许多其它国家的一些教育者展开了"行动研究",在我国也先后有一些专家学者开始了"行动研究"。"行动研究"有待成为提高教学水平,发展教师信念的金色大道,也将有利于教师职业判断力的提高和专业化的发展。

西方哲人说,要想人的心灵里不长满杂草,最好的方法就是种上庄稼。因此,不断为自己植入积极信念,才会使自己少受局限信念的困扰。态度决定高度。梦想有多大,舞台就有多大。所有的改变,从信念开始。

[活动]观看力克·胡哲的《人生不设限》视频。

分享和讨论:从视频中,你看到了什么? 你听到了什么? 你感受到了什么?

[活动]请阅读以下两则故事,思考从两则故事中你获得怎样的启示?

罗杰·罗尔斯信念

罗杰·罗尔斯是纽约历史上第一位黑人州长。他出生在声名狼藉的大沙头贫民窟。在那里出生的孩子,长大后很少有人获得较体面的职业。然而,罗杰·罗尔斯是个例外,他不仅考上了大学,而且成了州长。在就职的记者招待会上,罗杰·罗尔斯对自己的奋斗史只字未提,他仅说了一个非常陌生的名字——皮尔·保罗。后来人们才知道,皮尔·保罗是他小学的一位校长。1961年,皮尔·保罗被聘为诺必塔小学董事兼校长,当时正值美国嘻皮士流行的时代。皮尔·保罗走进大沙头诺必塔小学的时候,发现这儿的穷孩子比"迷惘的一代"还要无所事事,他们旷课、斗殴,甚至砸烂教室的黑板。当罗尔斯从窗台上跳下,伸出小手走向讲台时,皮尔·保罗说:"我看你修长的小拇指就知道,将来你是纽约州的州长。"罗尔斯大吃一惊,因为长这么大,只有他奶奶让他振奋过一次,说他可以成为五吨重的小船的船长。这一次皮尔·保罗先生竟说他可以成为纽约州的州长,着实出乎他的意料。罗尔斯记下了这句话,并且相信了它。从那天起,纽约州州长就像一面旗帜。他的衣服不再沾满泥土,他说话不再夹杂污言秽语,他开始挺直腰杆走路,他成了班主席。在以后的四十年间,他没有一天不按州长的身份要求自己。五十一岁那年,他真的成为了州长。在他的就职演说中,有这么一段话,他说:"在这个世界上,信念这种东西任何人都可以免费获得,所有成功者最初都是从一个小小的信念开始的。""自己认为可以确信的看法"即信念,从那天起,罗尔斯获得了成功。

信念的高度决定人生的高度

一个美国女孩双眼意外受了重伤,她只能从左眼角的小缝隙看到东西。小时候,她喜欢和附近的孩子玩跳房子,但却看不见记号,只好把自己游玩的每一个角落都记清。正是这样,即使赛跑她也没有输过。正是凭着这股韧劲,后来她获得了明尼苏达大学的文学学士及哥伦比亚大学的文学硕士两个学位。她曾在明尼苏达州的一个乡村教过书,后来又成为奥加斯达·卡雷基的新闻学和文学教授。这 13 年间,她除了教书,还在妇女俱乐部演讲,并客串电台谈话节目。她的自传体小说《我想看》轰动一时,成为畅销的名著。她就是过了 50 年如同盲人的日子的波基尔多·连尔教授。"在我心里不断地潜伏着是否会变成全盲的恐惧,但我以一种乐于面对的态度去面对我的人生。"连尔这样说道。终于,在她 52 岁时,经过现代医学的诊疗,她获得了 40 倍于以前的视力,她面前展开了一个更为绚烂的世界。有人认为成功依赖于某种天分,某种优越的条件,但是从波基尔多·连尔身上,我们看见的却是成功来自于某种缺陷及乐观力量带来的震撼。同样的困境,同样的际遇与磨难,有些人可能会很快垮掉,有些人却能站起来。其实,面对同一种境遇,谁也不比谁占一定的优势,关键是他是否早早俯首于来自苦难的压力。这时,信念的高度就决定了人生的高度,成功者之所以成功,是因为他们总是以积极的信念支配和控制自己的人生,战胜自己的缺陷,而失败者却恰恰相反。

[练习]积极信念植入法

1. 找出积极信念。如:好好活着、高效学习、愉快工作、婚姻幸福、健康、成功、快乐等。

2. 尝试:我有资格……

我有能力……

我爸爸允许我……

我妈妈允许我……

要求:三人一组,A 眼睛不眨地看着 B 的眼睛,观察员 C 一旦发现 A 眨眼,就重来,大声说以上内容三遍,至平静放松。轮换顺序做,做完后分享感受。

教师也可以用这种方式来增强学生的自信,调整学习状态。

第三节　改变局限性信念的语言技巧

面对生活中我们常见的局限性信念,有以下几种改变信念的语言技巧,包括定框法、破框法、换框法和五步脱困法。

一、定框法

定框法是一种把焦点放在"解决"上,而不是陷在"问题"里的语言技巧。现举例如下:

[练习]定框法

1. 想一件近日使你有些困扰的事情,然后在心里回答下面的问题:

"什么地方出现了问题?"

"为什么我会有这个问题?"

"这个问题有多久了?"

"这个问题让我哪个方面受困?"

"因为这个问题,我想做的哪些事情不能做了?"

"是谁令我有这个问题的?"

"这个问题使我最感辛苦时是在什么时候?"

——想过这些问题以后,注意一下你此刻内心的感觉。

2.仍然想着同样一件事,在心里回答下面的问题:

"我想怎样解决?"

"我凭什么知道事情已经解决了?"

"当这事解决后,我的生活中哪些事情也可以得到更好的处理?"

"我拥有的哪些能力对解决这件事有帮助?"

"什么人、什么事能帮助我解决这件事?"

"我可以开始做点什么,好使这件事早日解决?"

"这件事最早什么时候可以解决?"

——想想你的回答,注意一下你这一刻内心的感觉。

把两部分内心感觉的测试做一下比较,哪一次的感觉更好些呢? 比较而言,前者是下旋式的自困模式,后者是上旋式的自拔模式。由此可见,我们思想所选用的模式,对我们人生的成功快乐很有影响。教师在工作和生活中遇到困扰和问题时,就可以用后一种模式让自己尽快从困扰中解放出来,而不是陷入抱怨、无助和痛苦中不能自拔。同样,教师也可以运用这种方法去帮助学生。

[金句]思想的杀毒软件

• 事情本无意义,所有的意义都是人加上去的。

• 事情从不给人压力,压力来自一个人对事情的反应。

• 事情也从来不带给人情绪,情绪来自一个人的信念系统。

• 没有人能够伤害你,除非你容许他这样做;也没有人能够控制你,除非你容许他这样做。

二、破框法

破框法是一种将人头脑里的负面词语改变成正面词语的方法。"正面词语"帮助我们运用词语去改变思想从而使自己有更积极进取的态度,遇事时更快找出解决办法,脱离困境。在我们身边,不难听到一些类似这样的话,显示出说话人正陷于困境中:"事情应该如此""我不要再被人欺负""我没有办法""这没有可能"。"困"是因为事情里有一些自己无法控制的因素,使我们感到无可奈何、无能为力。在困境中的人,容易把思想放在那些无法控制或不想要的因素上,如果能够转而注意一些本人可以控制的因素,便有办法使事情得到改善,也就是说可以再来一次和越做越好。这份心态,使事情有了转机。肯再试便多了一份成功机会,每次都比上次好一些,累积下来,怨天尤人的人就会少了。

说"我解决不了"的人是一个失败者,而说"我要找出一个解决办法"的人是一个乐观者,亦即是一个成功者。其实同一种情况,心态不同便会出现不同的语言,而改变语言便可以使心态改变。即把句子中的"不""没有"等负面的词语删除,改用正面的词语代替。例如:

（1）"我不要再被人欺负"改为"我要别人尊重我"。

（2）"我没有办法"改为"我要试着从一个新的角度去看这个问题或凡事必有至少三个解决方法，我总有选择"。

（3）"这没有可能"改为"我要找出一个突破的方法"。

从以上例句，我们会发现左边（负面）的句子，就像困在一个圈中，文字的意思完全是静态的。而右边（正面）的句子，则有动感，是活的，是可以有所行动的意思。

我们的大脑，跟随着我们的思想去操纵我们的身体。大脑只能接受正面的指令，给它负面的指令，它便会做出与我们意愿相反的结果。例如，一些人不断叫喊自己不要惊慌，结果是，不久之后自己惊慌到发抖，甚至哭出来，便是这个原因。再如，当我们在心里对自己说，"不要想像一对白色的老虎，但可以想像一对跛足的鸭；不要想像在雪山上滑下来的感觉，但可以回忆一个舒服宁静的沙滩"，我们会发觉无论是"不要"，还是"可以"，我们都会不自觉地产生上述四项的想像，哪怕是一瞬间的感觉。就是说，"不要"对我们的大脑是完全没有作用的。

所以，在说话时尽量使用正面词语，日子久了，会发觉自己变得更积极、更有效率、更开朗。事实上，那些遇事顺利成功的人，说话多用正面词语；而那些失意灰心的人，说话多用负面词语。改变语言，的确可以改变一个人的心态。常用负面词语的人，可以练习使用正面词语帮助自己改善人生。

[练习]尝试用正面词语代替以下的负面词语，用"突破的说话"去代替"困境的说话"。

1."我不要没有人理睬我。"＿＿＿＿＿＿＿＿＿＿＿＿＿＿＿＿＿＿

2."我没有钱。"＿＿＿＿＿＿＿＿＿＿＿＿＿＿＿＿＿＿＿＿＿＿

3."这问题没法解决。"＿＿＿＿＿＿＿＿＿＿＿＿＿＿＿＿＿＿＿

4."我读书少。"＿＿＿＿＿＿＿＿＿＿＿＿＿＿＿＿＿＿＿＿＿＿

5."跟着他有很大压力。"＿＿＿＿＿＿＿＿＿＿＿＿＿＿＿＿＿＿

6."从来没有想过。"＿＿＿＿＿＿＿＿＿＿＿＿＿＿＿＿＿＿＿＿

7."以前从未有人做过。"＿＿＿＿＿＿＿＿＿＿＿＿＿＿＿＿＿＿

8."以前试过都不成功。"＿＿＿＿＿＿＿＿＿＿＿＿＿＿＿＿＿＿

9."我没有信心。"＿＿＿＿＿＿＿＿＿＿＿＿＿＿＿＿＿＿＿＿＿

10."学生太不听话了。"＿＿＿＿＿＿＿＿＿＿＿＿＿＿＿＿＿＿＿

11."这事情太复杂了。"＿＿＿＿＿＿＿＿＿＿＿＿＿＿＿＿＿＿＿

12."时间不够。"＿＿＿＿＿＿＿＿＿＿＿＿＿＿＿＿＿＿＿＿＿＿

13."我不知道应该做些什么。"＿＿＿＿＿＿＿＿＿＿＿＿＿＿＿＿

14."我每次都失败。"＿＿＿＿＿＿＿＿＿＿＿＿＿＿＿＿＿＿＿＿

15."我觉得很无奈。"＿＿＿＿＿＿＿＿＿＿＿＿＿＿＿＿＿＿＿＿

左边的负面词语代表了困境，跳出了困境则海阔天空，代替的正面词语可以有很多不同的选择。困境只有一个，而突破则有很多。以下是一些参考的例子，我们可以对照刚才自己的答案，同时也可以体会两种语言方式给人的感觉有什么不同。

[**体验**]你是否找到答案了,可以看看像下面这样说后是否感受到了内心的变化呢?

困境的说话	突破的说话
1.我不要没有人理睬我。	我要去交些新朋友。我要和很多人沟通。
2.我没有钱。	我要找一些生财之道。我要开源节流。
3.这问题没法解决。	这问题需要一个新的思考角度。我们有一个新挑战。
4.我读书少。	应该选修什么课程?我要创造无需学历的事业机会。
5.跟着他有很大压力。	我要加快自己的速度。我要学习如何提高效率。
6.从来没有想过。	这件事有新发展的可能。是该去想一想了。
7.以前从未有人做过。	我们有第一个做的机会。应该怎样开始?
8.以前试过都不成功。	以前的经历给了我们什么教训?我们需要找出新的做法。
9.我没有信心。	其中什么事情我不能控制?怎样提高自己的能力?
10.学生太不听话了。	我们有教导学生的责任。其中对学生有利的因素是什么?
11.这事情太复杂了。	换一个新的角度去看它。把它拆细再做处理。
12.时间不够。	有些事情的重要性需要检验。如何提高效率?
13.我不知道应该做些什么。	我的需要便是我的目标。有谁可以给我意见?
14.我每次都失败。	我需要找出新的做法。怎样从那些经历中得到教训?
15.我觉得很无奈。	我要做出新的选择。怎样找到突破?

三、换框法

(一)意义换框法

意义换框法对一些因果式的信念最为有效,例如"因为校长挑剔,所以我工作不开心。"突破的方法就是把句中的"果"改为它的相反词,再把句首的"因为"二字放到最后,成为:"校长挑剔,所以我工作积极,因为……"。原因可以有多种选择。以下是一些改变困境、增加正能量的语言:

(1)使他改变对我的态度。

(2)使我得到他的认可。

(3)使我提升得更快。

(4)使我更能干。

(5)使我更有能力去挑战新工作。

(6)使我得到同事的认可,因而更有安全感。

(7)使我能更早创业。

(8)我要证明他不能控制我的情绪。

(9)我要证明我可以做到。

(10)能证明在这种氛围之下我仍能愉快工作。

（11）能证明我能超越任何压力。

试着挑选一条你觉得最好的，然后把整句话反复地念数遍。再念念原来的那句："因为校长挑剔，所以我工作不开心。"比较内心的感觉有怎样的不同。信念是在潜意识里，所以感觉是最好的测试标准。内心的信念改变了，感觉也许就完全不同。

（二）二者兼得法

二者兼得法实际上也是一种意义换框法。很多情况，表面看来是两个选择中只能得一，即"得 A 便失 B，得 B 便失 A"。很多教师因为坚持着这个信念，很想二者兼得，所以感到困扰。在生活中我们容易受局限性信念的束缚（往往说那是"现实"），而不肯以自己想得到的理想目标为依据去思考，寻求突破。为使自己觉醒，我们可以提醒自己："坚持二者不能兼得对我没有好处；而坚持二者可以兼得则对我有好处。我应该把自己的思想带到后者。"二者兼得法就是以此为基础，对自己发出这样的思想指令：假若 A 与 B 是可以兼得的，我需要怎样想或做才能实现？这样的思想指令就是跳出框框，寻求突破。其中一个常常采用的突破方法是把 A 和 B 的定义做进一步细分，因为很多时候说话的人会用一些虚泛的词语去表达他的需要，不把他的需要弄清楚，往往无法着手解决事情。

[练习]以下的练习中，假设自己就是当事人，试用"假若二者可以兼得，我怎样做才能实现它"的态度去思考一些可能性。

1. 校长说："要使教学质量上去，就很难给学生减负。"

2. 教师说："要想让学生听从管教认真学习，就不能对他们太和蔼。"

（三）环境换框法

同样的一件东西或一种情况，在不同的环境中包含的价值会有所不同。找出有利的环境，便能改变这件东西或这种情况的价值，因而改变有关的信念。例如："年纪大了，与年轻人竞争不来。"做法是至少说出三个例外，可以把句子由负面词语转为正面词语：年纪大了，在哪些方面比年轻人更强（例如经验更丰富、办法更多、不容易受情绪控制等）。传统上中国有很多表面看是绝对正确的话（其实都是规条），把人们牢牢地束缚住，运用环境换框法，可以把它们打破。很多信念的确对自己的成长和为人处事有帮助，但是没有一个信念在所有情况下都是绝对有效的。信念是人生的一部分，是帮助我们达到人生最高境界和活得成功快乐的工具之一，但是要记住它们也是我们自己制造出来的。既是工具，信念不应绝对地主宰我们，成为我们的神。当信念对我们达到上述人生目标有所妨碍时，我们可以将它们修正、移开（暂时）、扩阔（兼容）甚至改变。

四、五步脱困法

一个人的内心状态可从其说话的方式看出来。改变说话方式，可以改变内心状态。很多人内心的困境，其实是本人的一些错误信念造成的。"我做不到"事实上只是描述一件目前的事实："现在我没有这个能力"或者"我不想去做"。以下的五个步骤，帮助我们运用语言把处于困境的心态，改为积极进取、更加清晰的行动目标和途径。

步骤1,困境:我做不到 X。

步骤2,改写:到现在为止,我尚未能做到 X。

步骤3,因果:因为过去我不懂得(YY),所以到现在为止,尚未能做到 X。

步骤4,假设:当我学懂 YY,我便能做到 X。

步骤5,未来:我要去学 YY,我一定会做到 X。

(注:第三步因果的"因",必须是本人能控制或有所行动的事。)

[体验]试深入分析上面的五句话(例子的主题假设为"轻松地教学")。

1.困境:我不能做到轻松地教学。

句子里的文字是负面词语(有"不"字)。真实的情况是"到现在为止,我不能轻松地教学"。因为没有时间指标,说出来就像是一句永恒的真理一般,在我们的大脑里,也正是有着这样的信念,使得我们无法作出突破。

2.改写:到现在为止,我尚未学会轻松地教学。

把事情的时间标准划分清楚:"不能做到"只是现在的状态,未来大有可为。另外把"不能"转为"尚未学会",就在潜意识指出这事情是可以学会的,但仍是负面词语。

3.因果:因为我未能学到轻松教学的理念与技能,所以到现在为止,我尚未学会轻松地教学。

把事情的因找出来了:未能学到轻松教学的理念与技能。这两点都是自己可以控制和自己可以有所行动的事。注意这一句里所包含的三点都是负面词语。

4.假设:当我学到轻松教学的理念与技能并安排出时间,我便能学会轻松地教学。

仍是步骤3的两句,只不过是把三点负面词语改为正面词语。另外,把连接词"因为"改为"当"。"当"比"因为"好,"当"字已经暗示一定做得到。

5.未来:我要去找已学会轻松教学的教师朋友,向他们请教,并参加一些提升教学能力的培训,我一定能做到更轻松地教学。

找出自己可以控制的资源去制造出机会,我们就会脱离困境。回头看第一句"困境"时的话:"我不能做到轻松地教学。"可以感觉到说话者是把自己困在一个圈子里无可奈何,说的话完全是静态的。再看看第五句"未来",说话者的目标"轻松教学",已经完全在掌握之中,而且有清晰可行的达到目标的途径。所说的话,充满了动感,达到"自己控制自己的人生"的积极状态。

[活动]NLP 的十二条前提假设①

1.没有两个人是一样的;

2.有效用比只是强调道理更重要;

3.我们只是活在由自己的感官所塑造出来的主观世界里;

4.一个人不能改变另一个人;

5.沟通的效果取决于对方的回应;

6.重复旧的做法只会得到旧的效果;

---

① 李中莹.简快身心积极疗法[M].北京:北京联合出版公司,2015:26—27

7. 凡事必有至少三种解决方法；

8. 每个人都选择给自己带来最佳利益的行为；

9. 每个人都具备使自己成功快乐的资源；

10. 在任何一个系统里，最灵活的部分最能影响大局；

11. 没有挫败，只有讯息的回应；

12. 动机和情绪总不会错，只是行为没有效果。

选出上述十二条前提假设中最有感觉的八条写在纸上，同时拿一张纸写出最使自己困惑和有情绪的事情，给出一个分数（0～10分，0分为完全没有困惑和情绪，10分为非常大的困惑和极大的情绪），把最困惑的事用一张有颜色的纸写好，并放在写好的其中最有感觉的八条前提假设上，逐一看完，同时体验自己的内心变化，直到感觉到情绪降低到3分左右。如果看一次不够，还可以再按上面步骤重复做。

第二章 目标管理与教师专业发展

一个没有理想与目标的人,在思想上往往偏于保守;在行动上,常常想维持现状。

——土光敏夫

一心向着自己目标前进的人,整个世界都会给他让路。

——爱默生

成功就等于目标,其他的一切都是这句话的注释。

——伯恩·崔西

第一节 目标与目标管理

教师生涯中,有的教师每天都精神振奋,干劲十足,仿佛有用不完的力量;而有的教师却是怨声载道,灰心沮丧,一天到晚生活在烦恼与忧愁之中。而目标就如同人生的灯塔。人生如同航行在茫茫大海中的船只,没有目标,就像船只没有灯塔,永远无法达到人生的彼岸。目标是一个人对未来的规划与期望,是由动机至行为的驱动力,是一切行动的源动力。

一、设定目标的重要性

每天一觉醒来,我们的身体醒了,但灵魂未必能醒,能让灵魂苏醒的是目标。在上班的路上,那些行色匆匆精神格外抖擞的人,一定是心中树立了目标的人。目标是由动机至行为的驱动力,是一切行动的源动力。正是因为实现目标的欲望,焕发了我们的激情,激发了我们的潜力。反之,若没有目标或失去了目标,人往往就会茫然无措,不知所终。

[活动]阅读下面两则故事,分享讨论感受。

博士插秧

一个博士在田间漫步,看见一位老农在插秧,秧苗插得非常整齐。博士觉得老农很不简单,上前问到:"老大爷,您怎么插得这样整齐?"老农递过一把秧苗说:"你插插试试。"博士接过秧苗,脱鞋挽裤腿下田插秧。他插了一会儿,发现自己插得乱七八糟,于是他问老农:"为什么我插不直呢?"老农说:"你应该盯住前面的一个目标去插。""对呀,我怎么没想到呢?"博士就在前方寻找目标，看到了一头水牛，心里想，水牛目标大，就盯着它吧。他又插了一会儿，发现自己插得有进步但还不直，歪歪扭扭的。他再问老农："为什么我还插不直呢?"老农笑着说："水牛总在动，你盯着它当然要插得弯曲了。你应该盯住一个确定的目标。"博士猛醒，盯着前方的一棵树插秧，果然秧苗插得很直了。

小狗的目标

　　一对夫妇有两个孩子。当孩子还小的时候，父母决定为他们养一只小狗。小狗抱回来以后，他们想请一位朋友帮忙训练这只小狗。在第一次训练前，女驯狗师问："小狗的目标是什么?"夫妻俩面面相觑，"一只小狗的目标? 那当然就是当一只狗了。"女驯狗师极为严肃地摇了摇头说："每只小狗都得有一个目标。"夫妇俩商量之后，为小狗确立了一个目标——白天和孩子们一道玩，夜里要能看家。后来，小狗被成功地训练成了孩子们的好朋友和家中财产的守护神。这对夫妇就是美国的前任副总统阿尔·戈尔和他的妻子迪帕。他们牢牢地记住了这句话——做一只狗要有目标。推而广之，做一个人也要有目标。在现实生活中，却有太多太多的人没有目标。我们常常把别人的期待当成了自己的目标，在孩童的时候，这几乎是顺理成章的事情。但是，你会渐渐地长大，无论别人的期望是怎样的美好，它也不属于你。我们常常把世俗的流转当成自己的目标。这一阵子崇尚钱，你就把挣钱当成了自己的目标。殊不知钱只是手段而非目标，有了钱之后，事情远远没有结果。钱不具备终极目标的资格。过一阵子流行美丽，你就把制造美丽保存美丽当成了目标。殊不知美丽的标准有所不同，美丽是可以变化的，目标却是相对恒定的。有人把快乐和幸福当成了终极目标，这也值得推敲。科学家们研究发现，最长远最持久的快乐，来自于人的自我价值的实现。而毫无疑问，自我价值是从属于你的目标。一位女子曾说过，出名要趁早。依我看，确定目标要趁早。

　　有位著名的诗人曾说过:你是自己命运的主人，是自己灵魂的领航人，想有什么样的人生就全看你自己。1953年哈佛大学曾对毕业生做过一次调研，就目标对人生的影响进行过一项长达25年的跟踪调查，该项调查的对象是一群智力、学历、环境等条件都差不多的年轻人，调查结果发现:

　　27%没有目标的人，生活在社会最底层，过得很不如意;

　　60%目标模糊的人，生活在社会的中下层，并无突出成就;

　　10%有清晰但较短期目标的人，生活在社会的中上层，在各自所在的领域里取得了相当的成就;

　　3%有清晰且长期目标的人，成为各领域的顶尖人士。

　　当你明确地知道自己想要的是什么，你才能得到什么;你不知道自己追求的是什么，你自然什么也得不到。目标界定了你所要追求的结果，是你努力奋斗的理由。没有目标或者失去目标，就没有了着力点，到头来终将一事无成。

　　爱因斯坦的一生所取得的成就，是世界公认的，他之所以被誉为20世纪最伟大的科学家，取得如此令人瞩目的成绩，和他一生具有明确的奋斗目标是分不开的。爱因斯坦出生在德国一个贫苦的犹太家庭，家庭经济条件不好，加上自己小学、中学的学习成绩平平，虽然有志往科学领域进军，但他有自知之明，知道必须量力而行。他进行自我分析:自己虽然总的成绩平平,但对物理和数学有兴趣,成绩较好。自己只有在物理和数学方面确立目标才能有出路,其他方面是不及别人的。因而他读大学时选读瑞士苏黎世联邦理工学院物理学专业。由于奋斗目标选得准确,爱因斯坦的个人潜能得以充分发挥,他在26岁时就发表了科研论文《分子尺度的新测定》,以后几年他又相继发表了四篇重要科学论文,发展了普朗克的量子概念,提出了光量子除了有波的性状外,还具有粒子的特性,圆满地解释了光电效应,宣告狭义相对论的建立和人类对宇宙认识的重大变革。

[**活动**]小组讨论:目标对教师的专业发展有什么好处(可学习参考下面的句式)?汇报并展示。

1. 目标产生积极的心态;
2. 目标使我们看清使命,产生动力;
3. 目标使我们明确生存的意义和价值;
4. 目标有助于我们分清轻重缓急,把握重点;
5. 目标使我们集中精力,把握现在;
6. 目标产生信心、勇气和胆量;
7. 目标使人自我完善,永不停步;
8. 目标能提高激情,有助于评估目标完成地进展程度。

二、目标的成功达成

目标管理,被誉为是"个人的导航系统",决定我们人生的成败。想要目标成功达成,需要具备五项因素和三个必须。

(一)目标成功达成的五项因素

(1)一个良好的目标(我想要什么)。例如,想工作更轻松且高效。

(2)清楚了解自己的现状(我现在的状况是怎样的)。例如,感到辛苦、压力太大、无可奈何。

(3)克服一些障碍(我需要克服哪些影响目标达成的障碍)。例如,要克服压力、无力感。

(4)提高能力,增加资源(我需要拥有哪些能力和资源来实现目标)。例如,需要提高授课能力、心理辅导能力,有效教学的方法等。

(5)规划出一条从现状到目标的途径(我通过哪些途径可以实现目标)。例如,可以通过参加培训、观摩优质公开课等。

(二)目标成功达成的三个必须

(1)可能性(目标达成的基础)。使工作更轻松且高效是可能的,且至少有三种以上的解决方法。

(2)能力(目标达成的核心)。使工作更轻松且高效需要提高语言表达、人际沟通、心理辅导、班级管理、课堂驾驭等各方面的能力。

(3)资格感(目标达成的关键)。相信自己有资格有能力使教学变得更轻松且高效。

[**活动**]请阅读以下故事,从中你获得了哪些目标成功达成的要素?

有个同学举手问老师:"老师,我的目标是想在一年内赚 100 万! 请问我应该如何规划我的目标呢?"老师便问他:"你相不相信你能达成?"他说:"我相信!"老师又问:"那你知不知道要通过哪个行业来达成?"他说:"我现在从事保险行业。"老师接着又问他:"你认为保险行业能不能帮你达成这个目标?"他说:"只要我努力,就一定能达成。""我们来看看,你要为自己的目标做出多大的努力。根据我们的提成比例,100 万的佣金大概要做 300 万的业绩。一年:300 万业绩。一个月:25 万业绩。每一天:8300 元业绩。"老师说。"每一天:8300 元业绩。大既要拜访多少客户?"老师接着问他。"大概要 50 个人。""那么一天要 50 人,一个月要 1500 人,一年呢? 就需要拜访 18000 个客户。"这时老师又问他:"请问你现在有没有 18000 个 A 类客户?"他说:"没有。""如果没有的话,就要拜访陌生人。你平均一个人要谈上多长时间呢?"他说:"至少 20 分钟。"老师说:"每个人要谈 20 分钟,一天要谈 50 个人,也就是说你每天要花 16 个多小时在与客户交谈上,还不算路上的时间。请问你能不能做到?"他说:"不能。老师,我懂了。目标不是凭空想象的,是需要凭着一个能达成的计划而定的。"

目标不是孤立存在的,而是与计划相辅相成的。目标指导计划,计划的有效性影响着目标的达成。所以在制定目标的时候,要考虑清楚自己的行动计划。怎么做才能更有效地完成目标,是每个人都要想清楚的问题。否则,目标定的越高,达成的效果越差。

第二节 有效目标的制定

人要有明确的目标。当一个人没有明确目标的时候,自己不知道该怎么做,别人也无法帮到你。天助先要自助,当自己没有清晰的目标方向的时候,别人说的再好也是别人的观点,不能转化为自己的有效行动。此外,行为科学研究证明,人不会持续不断地做自己都不知道为什么要做的事情。每定下一个目标,尤其是具有挑战性的目标,务必列出为何要实现它的 10 条以上的理由或好处,而且好处越多越好,越清楚越好。因为对你没有好处的目标,你的潜意识会认为没有必要为它做出太多的牺牲,这也就意味着它被实现的可能性已经不大了。因此,一个有效的目标必须具备以下 7 项元素,它们合起来是 PE-SMART。

一、用正面词语组成(Positively phrased)

生活中,我们常常说的负面词语,也就是其中含有"不""没""难"等字的句子,不能在我们的大脑里产生推动的作用。事实上,它们会使我们停留在问题里,陷入困境中。因此,我们设定的目标最好是"应该如何",而不是"避免如何"。

[**练习**]闭上眼睛,对自己说:"我不要去想一只老虎,我不要去想一只老虎。"反复这样说,脑海里会是怎样的情况?

当我们反复对自己说"不要去想一只老虎"的时候,一般会出现两个情况:(1)脑里乱得一团糟;(2)整个脑海里都是老虎。

有研究发现,我们的大脑最喜欢接收正面词语。当我们在自我表扬或受到别人夸奖时,会感觉到愉悦;而当我们自我否定或受到他人批评时,会感觉到难受,就是这个道理。

二、符合整体平衡(Ecologically sound)

符合整体平衡也就是符合"三赢"(我好,你好,世界好)的原则。生活中,很多人的目标,都没有考虑到"三赢"的重要性,故此不是半途而废就是在达到目标的同时制造出很多问题,得不偿失。例如,不断地为昨天所做的事进行补救,而忽略活好当下和未来,成天生活在悔恨与辛苦中,很难达到"我好,你好,世界好",也很难符合整个人生里的平衡需要。

[案例]

张某,一位快毕业的名牌大学生,他的目标是——毕业后马上去美国进修半年,拿取一个硕士学位,但他的未婚妻不支持。不顾未婚妻是否支持而去实现这个目标,只会有三个可能的结果:一是读了一半便返国,因为要挽救这段情感;二是拿到学位,但是失去了未婚妻;三是学位和未婚妻兼得,但是在两人的心中积下了深深地怨恨和内疚,在很多年里,都会影响两人的信任、感情和婚姻生活。不论是哪一种可能,都不是这位大学生所愿见到的。所以,符合整体平衡就要符合"三赢"原则。

三、清楚明确(Specific)

有人说:"我想生活有所改善""我想经济可以宽裕点""我要有美满的家庭生活""我要开心地工作""我要天天快乐"……

以上所谓的目标,是几乎天天可能听到的"口头禅",其共同特征:抽象、模糊、不够具体,让人不知到底该如何操作。这些都是好的想法,但不是有效的目标。目标一定要是具体的,比如"我要减肥"这一目标,如果明确到"我要在三个月内减肥十斤",就可以更好地推动自己去实现。

表 2-1 抽象模糊目标与清楚明确目标的比较

抽象模糊目标	清楚明确目标
我想生活有所改善	我想每年可以与家人去旅行一次,有一部小房车,全家人还可以每月去饭店吃一顿丰盛的晚餐
我想经济可以宽裕点	我想银行有储蓄存款,每月的最后几天无须向人借钱
我要有美满的家庭生活	我的家中充满欢笑声,家人有良好的沟通
我要开心地工作	我要每天做两件认可自己的工作,还要得到他人至少一次的肯定
我要天天快乐	我要每天每件事带给我的是快乐,而不是烦恼

有人曾经做过一个试验,他把人分成两组,让他们去跳高。两组人的个子差不多,先是一起跳过了1米。然后他对第一组说:你们能够跳过1.2米。他对第二组说:你们能够跳得更高。经过练习后,让他们分别去跳,由于第一组有具体的目标,结果第一组每个人都跳过

1.2 米,而第二组的人因为没有具体目标,所以他们中大多数人只跳过了 1 米,少数人跳过了 1.2 米。这就是有和没有具体目标的差别所在。

四、可以度量(Measurable)

任何一个目标都应有可以用来衡量目标完成情况的标准,目标愈明确,就能提供给你愈多的指引。比如,目标的描述要使用精确的、描述性语言,并采用简单的、有意义的衡量标准,如:

每月的收入增加至 1 万元;

每天家中充满欢笑声 10 次;

银行里有至少 2 万元的储蓄存款。

避免使用形容词、副词、长篇泛泛而谈的话语或复杂、模糊的衡量标准,如:

每月收入多一点;

每天工作轻松一点;

银行里的存款多一点。

五、自力可成(Achievable)

达到目标的一个十分重要的因素是过程可由本人控制。很多人不能达到目标的原因就是那些目标由别人所控制,而不是他们自己可以做得到的,这些目标需要修正。自力可成是指除却不可预料的因素外(天灾、意外),在一般情况下当事人本人能力范围内可以操控的目标,才是有意义、有效的目标。

表 2-2　别人控制目标与自力可成目标的比较

别人控制的目标	自力可成的目标
他/她会喜欢我	增加对他/她的吸引力
升职	使自己成为最超值的同级职员
他们对我好一些	提高我对他们的价值
问题不要来	我有处理问题的能力

六、成功时有足够的满足感(Rewarding)

闭上眼睛,让自己想一想,当自己想要的目标达到的时候,出现哪些情况可以让你知道你已经达到目标?你会在什么地方,与什么人,怎样的环境中做什么事,使你感受到达成目标的满足感?你看到了什么,听到了什么,感觉到了什么?这个过程就是把目标视觉化的过程。在内心勾勒一幅明晰的目标蓝图,把它画出来或用具体的图像,贴到自己的梦想板上,这样可以引导自己的思维朝目标蓝图的方向思考和努力。

　　有些师范生的目标是毕业后找到一份教师的工作。然而当这个目标实现的时候，有些人虽然也感到满足，毕竟自己在严峻的就业形势下如愿找到了一份工作，但这份满足感有时是不够的。因为这种满足有可能是出于功利的考虑，而不是教师这份职业对自己内在的一种吸引。这样自己即使有一天当上了教师，也很难让自己成为成功快乐的教师。

七、有时间期限（Time－frame set）

　　对设定的目标，要规定什么时间内达成。没有规定完成时限的目标，其意义是不大的，也不会有很好的效果。时间期限除了提供紧迫感外，更重要的是决定怎样进行的一个重要因素。有了时间期限，所定出的行动计划才能定下速度，才能提高时间管理的效率。

　　[练习]我的生命线

　　在生命的旅程中你走到了哪里？请在这条生命线上标出你已用去的生命时间。

```
├──────────────────┼──────────┼──────────────►
0 岁               50 岁      80 岁
```

　　暂以 30000 天（82.2 岁）计算，你已经用去了多少天？还剩多少天？把计算结果填入下表：

我的生命已用去＿＿＿＿＿＿天	我的生命只剩下＿＿＿＿＿＿天
签名：	年　月　日

　　此外，制定目标时，还要注意将总目标分解成阶段化的目标，以防止总目标太渺远飘忽，不利于实施的控制。1984 年，在东京国际马拉松邀请赛中，名不见经传的日本选手山田本出人意料地夺得了世界冠军。10 年后，这个谜终于被解开了。他在自传中是这么说的：每次比赛之前，我都要乘车把比赛的路线仔细地看一遍，并把沿途比较醒目的标志画下来，比如第一个标志是银行；第二个标志是一棵大树；第三个标志是一座红房子……这样一直画到赛程的终点。比赛开始后，我就以百米的速度奋力地向第一个目标冲去，等到达第一个目标后，我又以同样的速度向第二个目标冲去。四十多公里的赛程，就被我分解成这么几个小目标轻松地跑完了。起初，我并不懂这样做的道理，我把我的目标定在四十多公里外终点线上的那面旗帜上，结果我跑到十几公里时就疲惫不堪了，我被前面那段遥远的路程给吓倒了。

第三节　目标的管理与实现

　　美国的伯恩·崔西曾提出一个公式：成功＝设立目标＋详细计划＋立即大量行动。可见，光设定目标还不行，还要有有效管理并付诸行动。除了第二节提到的有效目标的 7 个要素外，还要从系统层面来审视目标的可行性，经过检验后目标才能被确定是否恰当、良好、可行。

一、目标确定法

拿出一张纸，问自己以下 8 个问题：

1.我想要什么？（要求：一句话 20 个字内清晰地说出目标，它必须包含上述的七项元素）

2.这个目标能为我带来什么？（要求：澄清目标的价值）

3.当我达成目标时，我凭什么知道？（要求：有视觉、听觉、感觉上的证据）

4.在何时、何地因为何人我想达到那个目标？（要求：澄清目标的环境条件）

5.那个目标会怎样影响我人生的其他方面？（要求：把问题切细）

6.为什么在今天之前我未能达到那个目标？（要求：克服过去的障碍，寻找新的方法和可能性）

7.我需要哪些资源和能力？（要求：已经拥有哪些资源和能力，还需要什么资源和能力，如何运用及得到它们。）

8.我计划怎样去做？（要求：把计划切细）

二、时间线实践目标法[①]

该方法可以测试目标的可行性，预先准备解决困难的方案，增强实现目标的动力。

[操作步骤]

1.状态调控，引导来访者放松，明确目标并确定方位（"现在"和"未来"）；

2.引导来访者站在"现在"，先不要起步，看着"未来"的目标先冥想，想象可能出现的困难、障碍、挑战，并思考解决方法；

3.引导来访者起步，慢慢地向"未来"走去，充分地想象可能出现的困难、障碍、挑战，并思考解决方法。在这一过程中告诉来访者已经走到哪里（应说出具体的时间，例如"现在是2014 年 10 月了，距离目标只有 4 个月的时间了"）。

4.在步骤 2 和步骤 3 里，提醒来访者，如果问题太大，力量不够，需要帮忙就告诉辅导者。这时就让来访者从时间线上抽离出来，并与他一同讨论，站在时间线上的来访者需要一些什么能力，或者需要克服怎样的内心障碍。处理完后再站回时间线，继续时间线实践法的步骤。每有疑问，都可以从头再来。

5.到达目标后，体验成功实现目标时的良好感觉，安装经验掣；

6.打破状态，未来测试（打破状态指的是心理咨询中心理咨询师用某种方式让来访者从某种状态中回到当下，结束这一环节；未来测试指经过"时间线实践目标法"这一活动后，来访者对实现未来目标的决心和信心有多大，直接问其感觉，以确认这一活动的效果）。

---

① 李中莹.简快身心积极疗法[M].北京:北京联合出版公司,2015:194－195.

三、目标达成九步法

1.相信目标一定能达到。

2.写下已量化的目标,并列出 10 个以上为何要实现它的理由。

3.用多权树制定计划,分解目标,倒退至今天,拟定计划,设定时间表。

4.列出所有必要及充分条件,注明解决方法。

5.告诉自己:要实现什么样的目标,自己就必须变成什么样的人。

6.运用潜意识的力量,进行积极自我暗示,永远积极思考。

7.行动第一,立即行动,开始忙起来。今天的事情立刻做,明天的事情今天做,每一分、每一秒做最有生产力的事情。

8.每天睡觉前做自我检讨,衡量进度,作积极修正。

9.坚持到底,永不放弃,直至成功。

[**故事启迪**]请阅读下面的故事,谈谈从中你获得了怎样的感悟。

从前,有一群青蛙组织了一场攀爬比赛,比赛的终点是一个非常高的铁塔的塔顶。一大群青蛙围着铁塔看比赛,给他们加油。比赛开始了,老实说,群蛙中没有谁相信他们会到达塔顶,他们都在议论:"这太难了! 他们肯定到不了塔顶!""他们绝不可能成功的,塔太高了!"听到这些话,一只接一只的青蛙开始泄气了,除了那几只情绪高涨的还在往上爬。群蛙继续喊着:"这太难了! 没有谁能爬上顶的!"越来越多的青蛙累坏了,退出了比赛。只有一只还在往上爬,越爬越高,一点没有放弃的意思。最后,其他所有的青蛙都退出了比赛,只除了那一只,他费了很大的劲,终于成为唯一一只到达塔顶的胜利者。很自然,其他所有的青蛙都想知道他是怎么成功的。有一只青蛙跑上前去问那只胜利者,他哪来那么大的力气爬完全程? 他发现这只青蛙是个聋子!

这个故事的寓意:永远不要听信那些习惯消极悲观看问题的人,因为他们只会粉碎你内心最美好的梦想与希望! 时刻记住你听到的充满力量的话语,因为所有你听到的或读到的话语都会影响你的行为。所以,时刻保持积极、乐观! 而且,最重要的是:当有人告诉你你的梦想不可能成真时,你要变成"聋子",对此充耳不闻! 要总是想着:我一定能做到!

[练习]请学习参考下面两个表,对自己的目标进行规划和管理,列出更细致和具有行动力的计划表。

1.人生蓝图一览表

签名：_____ 日期：_____ 年_____ 月_____ 日

人生目标：	
目标陈述：	
远期目标：	期限：
中期目标：	期限：
近期目标：	期限：

2.年度目标表

签名：_____ 日期：_____ 年_____ 月_____ 日

序号	目标内容	起止时间

第三章 理解层次与教师专业发展

人生办一件大事来,做一件大事去。

——陶行知

如果你坚持要上二楼,就会想到搬扶梯;你只想试一试,那就什么都想不到。

——松下幸之助

一个理想的教师,他应该是个天生不安分、会做梦的教师。教育的每一天都是新的,每一天的内涵与主题都不同,只有具有强烈的冲动、愿望、使命感、责任感,才能够提出问题,才会自找"麻烦",也才能拥有诗意的教育生活。

——朱永新

第一节 理解层次概述

"理解层次"是 NLP 中的一个重要概念。NLP 是神经语言程序学(Neuro－Linguistic Programming)的英文缩写,是由美国的理查德·班德勒(Richard Bandler)和约翰·格林德(John Grinder)于 1976 年创立的一个心理学流派。理解层次早期被称为 Neuro－Logical Levels,最初由格雷戈里·贝特森(Gregory Bateson)发展出来,后由罗伯特·迪尔茨(Robert Dilts)整理,在 1991 年推出。

一、理解层次的定义

我们的大脑在处理任何事情的时候,都有六个层次,如图 3－1 从下往上分别是:

(一)环境

环境(Environment)指人自身以外的各种因素,包括自身以外的人、事、物,时间、地点、文化等亦在其中。这些身外物是我们的资源,但我们不能控制它们,只可以选择适当地加以运用。

(二)行为

行为(Behavior)是在环境中我们所从事的各种活动。简单地说,行为就是"有没有做?"

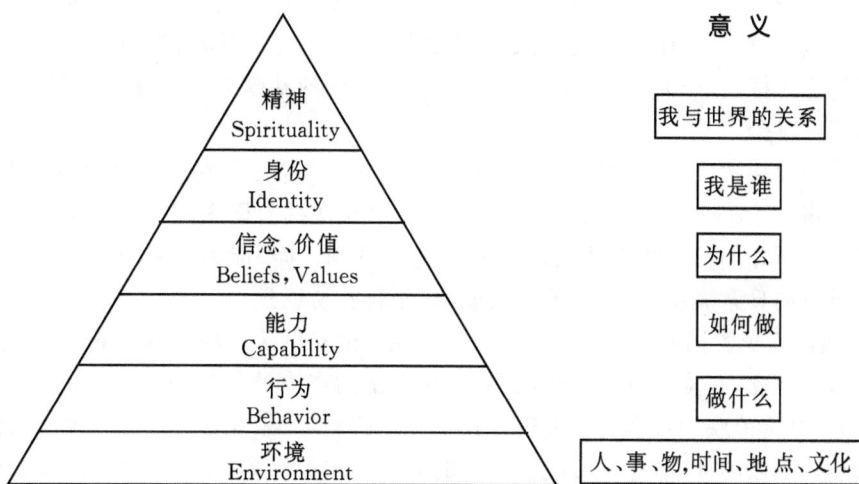

图 3-1　NLP 理解六层次

"做什么?""怎样做?",如教师的备课、上课、批改作业等。

(三)能力

能力(Capability)就是做事需要的技能、知识以及解决问题的综合能力等,它体现了人做事的灵活性。要注意的是,情绪也属于能力的层次,因为良好的情绪识别和管理能力是一个人工作、学习的重要因素。

(四)信念、价值

信念、价值(Beliefs,Values)是指人们用于判断人、事、物的标准或准则,即人们做出选择的依据。如认为"善有善报",就会积极行善;认为"好人多磨难",就会消极行善。信念代表了做事的意义,简单地说,就是"为什么做"的问题。信念和价值是支持身份的支柱,是把身份的意义实现出来的推动力。这也是为什么不同人选择不同做法的原因,它往往深藏于每一个人的潜意识当中,只有觉察的人才能在意识层面了解到它。

(五)身份

身份(Identity)是指人在环境里面、在行为过程中的角色定位,即人们对自己应该承担什么责任的认识,即"我是谁""我将如何实现我生命的最终意义""我要有一个怎样的人生"等。如大学生在课堂上,有的把自己定位为一个普通大学生,有的定位为一名优秀大学生,有的定位为一个旁观者,不同的定位带来不一样的课堂表现。身份就像一粒钻石,角色是它不同的抛面,不同的角色面对不同的系统,而它整个的质地取决于它在最大系统中对生命意义的追求。

(六)精神

精神(Spirituality)指人在与环境相互作用的过程中对环境中的人、事、物的影响及认识,是关于自身和系统的关系问题,即"我对世界的贡献是什么"。这一层面体现了人与世界之间的关系,属于世界观层次,反映的是生命的最高意义。正如马斯洛的"自我实现"是人的最高心理需要一样,一个人也往往是在为世界作出贡献的基础上才谈得上自我实现,这是一种最高的精神享受。

在上述理解层次概念中,"精神""身份""信念、价值"这三个概念分别对应于世界观、人生观和价值观,对人的言行具有决定性影响,属于高层次抽象概念,平时比较隐蔽,只有通过仔细观察和分析人们的日常生活表现才有可能被发现。而"能力""行为""环境"是人们在"三观"指导下的日常表现,属于较低层次概念,比较容易观察。

NLP指出六个不同的理解层次之间相互作用,相互影响。精神属于最高层次,它决定了人的身份和信念,直接影响各个较低层次;身份是约束人的价值观和行动的关键因素,身份定位不同,其价值观和日常行为表现方式也不一样;信念就是价值观的具体表现,是人内心对怎么选择确立的标准,它直接决定了人的能力模式和行为方式;能力是在信念约束下的选择,它直接决定了人的行为表现;而任何行为都会产生结果,这种结果直接构成环境的一部分,又对环境结构产生影响。反之,环境发生变化意味着行为的外界条件随之改变,原有的行为方式自然也要求进行一定的调整;如果人的行为方式进行根本性改变,那么能力也会发生重要的改变;能力改变后,原有的信念和价值观也会发生改变;当信念和价值观发生根本性或大的变化时,就会引起人们对原来身份定位的反思或怀疑,导致身份的重新定位;如果低层次的问题和条件全部发生了根本性变化,那么人的原有精神系统就会瓦解。可见,NLP理解层次之间的相互作用、相互影响是非常紧密的。不过,由高到低的影响是直接的、快速的;由低到高的影响则需要量的积累,相对比较缓慢。

[举例]理解六层次

我没有一个朋友,没有人真正关心我。这个大学很糟糕。——环境

我经常逃学,呆在寝室打游戏,或者睡觉。——行为

我想不出好的办法改变现状。我什么都不懂!——能力

输给他们是正常的。再学习也没有用。——信念

我处处不如人!我不可能成为一个成功人士。以后能养活自己就不错了。——身份

我和这个世界没有什么关系。我也没想过自己对这个世界有什么贡献。——精神

[阅读]

大学生消极心理行为模式的理解层次分析[①]

研究表明,影响大学生就业的两个关键软实力对应两种心理行为模式,即"袖手旁观,斤斤计较"和"懒懒散散,拖拖拉拉"。这两种模式都可以归为"行为"层次,它们的形成原因可以分别在不同的理解层次进行寻找。

"袖手旁观"是指人们在遇到别人或环境需要提供帮助的事情时采取观望态度。从理解层次分析,可能存在以下几种原因:一是环境于己不利,进而不敢作为;二是不知所措,无法

① 郑孝庭,范焕珍.大学生消极心理行为模式的理解层次分析与矫正策略[J].科技展望,2014(19):240.

选择,进而不能作为,这是能力层次的问题;三是认为不值得插手,放弃作为,这是信念层次的问题;四是认为非分内之事,不可作为,属于身份层次的问题;五是事不关己高高挂起,认为别人或环境中的其他事物与自己没有联系,这是精神层次的问题。

"斤斤计较"是指在待人接物的日常活动中,十分看重自身利益,容不得一丁点利益损失。日常生活中常见以下类型:一是"槽里无食猪拱猪",在有限资源和条件下,不得不去进行激烈竞争,不得不精细算计,这是环境层次问题;二是能力有限,不得不守住既得利益或眼前利益,属于能力层次问题;三是利益至上,应得必得,绝不吃亏,是信念层次问题;四是认为本来就是自己的,何必礼让给他人,这是身份层次问题;五是认为不计较一定会吃亏,斤斤计较一定有好处,这是精神层次问题。

"懒懒散散"是指在日常生活和工作中积极性不高,纪律性不强的状态。可能存在以下情况:一是没有生活和工作压力,整个环境缺乏竞争性,导致人们表现出自由自在、随心所欲的状态;二是个人能力有限,竞争力不强,表现出"破罐子破摔"的随意状态;三是对目标任务不认可,迫于组织压力勉强参与工作,表现出倦怠状态;四是自身定位与现实工作目标或要求相冲突,认为不是自己的职责和义务,表现出不愿配合或参与的状态;五是对人生意义认识不清,碌碌无为,苟且偷生。

"拖拖拉拉"是指以拖延为特征的行动、习惯或性格。这种行为模式也有多种可能原因:一是个人所处环境或组织的时间要求不严格,或者组织文化本身缺乏时间观念,迟到早退习以为常;二是个体自我管理技能缺乏,生活和工作中不分轻重缓急,常常表现出手忙脚乱状态;三是认为迟到早退对工作没有多大影响,不必那么认真;四是认为严谨工作、守时守信是别人的事,自己可以不做;五是认为自由散漫、拖拖拉拉才是正常的生活状态。

上述分析说明,任一理解层次出现偏差,都可能导致大学生形成某种消极行为模式。

[练习]用理解六层次分析不同教师的职业状态。

二、理解层次的运用

理解层次是 NLP 里的一个重要概念。NLP 有一个核心的假设是:每个人都渴望成功快乐的人生并具备使自己成功快乐的资源和能力。这和人本主义心理学的理念是相通的。人本主义于 20 世纪 50—60 年代在美国兴起,70—80 年代迅速发展,它既反对行为主义把人等同于动物,只研究人的行为,不理解人的内在本性,又批评弗洛伊德只研究神经症和精神病人,不考察正常人心理,因而被称之为心理学的"第三势力"。人本主义和其它学派最大的不同是特别强调人的尊严、价值、创造力和自我实现,而且把人的本性的自我实现归结为潜能的发挥,而潜能有一种类似本能的性质。

一个人出现心理困扰和发展障碍,往往是在理解六层次上有配合不一致的情况,存在内在的冲突。在理解六层次中,环境、行为、能力属于意识层面,是我们最为关注的。而信念和价值、身份、精神属于潜意识层面,常常不被我们清楚地觉知到,但它们却产生着深层的作用。按照精神分析学派的理论,潜意识的能量是巨大而又不被人所充分意识到的。因此,一个人只要学会站在高处思考人生,同时落到低处去认真实践,就能充分调动潜意识的巨大能量,从而激发潜能。下面介绍一种 NLP 里的技巧——理解层次贯通法。这一技巧对调动潜意识的深层力量有很大帮助。

在学习理解层次贯通法之前,先要理解两个概念:潜意识和经验掣。"潜意识"是由精神分析学派的西格蒙德·弗洛伊德提出,指潜藏在我们一般意识底下的一股力量。"意识"是可以觉知的,而"潜意识"是"已经发生但并未达到意识状态的心理活动过程",也就是说一般情况下我们很难觉察到。它不仅存在,而且按照弗洛伊德的理论,其力量还很强大,对我们的人格发展有着持续而深刻的影响。我们所称为的"潜力",也就是存在但未被开发与利用的能力,其动力就深藏在我们的深层意识当中,也就是我们的潜意识。当我们"什么都不做",身心放松的时候,我们才有可能和我们的潜意识进行"沟通",就像印度的禅修"内观"一样。"内观"一词来自佛陀时代印度的语言,意思是洞见,看到实相、真理,以自己内在体验真相的方式来了解真相。我们一生都忙着往外看,我们必须改变这一切,并开始观察我们自己。停止做任何事情,并合上眼睛,没有外在事物来吸引我们,于是我们向内和自己的身心在一起,忽略其他任何杂念,只把注意力放在我们自己的呼吸上,感觉气息进入和离开鼻孔。这时候潜意识就可能以某种方式升上来,以某种方式和我们进行连结,也许是一个模糊的画面影像,也许只是一种温暖的感觉。

一些事物会帮助我们勾起往事,因而带回这些往事中本人当时的感受。这些事物便是"经验掣"。情绪感受对一个人的思想及行为有很大的影响,回忆某段往事,便能重温当时的情境,同时也能重获当时内心状况所产生的力量,例如某次打赢球赛或受到赞赏的自信心。若能在处于一次重大挑战时重获这份自信心,成功的机会便会大大增加。因此,我们可制造和运用"经验掣"帮助我们增加力量。例如,回忆某件成功往事,或想象未来成功景象,体会当时的美好感受和强大力量,感觉足够的时候用某种方式(如紧握拳头、仰头看蓝天白云、哼唱一段歌等方式)固化和强化这种感觉,这就是安装上了一个"经验掣",日后即可用这些方式重拾这份感觉和力量。

[练习]"理解层次贯通法"①

预先准备六张纸,上面分别写上:环境,行为,能力,信念、价值,身份和系统。

把六张纸依次序排成一条直线铺在地上,每张纸间隔一小步的距离。

受导者站在"环境"的纸外准备开始。用这个技巧前,必须事先定下一个目标(参看第二章"有效目标的七个要素")。这个目标可以是受导者本人人生里的任何事情。

这个技巧可以自己做,也可以由别人引导去做。

以下的话语,是出自引导者口中,受导者可以向引导者说出自己目标的内容,也可以不说。

(1)准备。"现在你站在这六张纸的起点,准备用这个技巧帮助自己有所提升。请你先闭上眼睛,做几个深呼吸,让自己安静下来。"(引导者用语言引导受导者进行深呼吸,引导者的呼吸配合受导者的深呼吸。)"现在,你把运用这个技巧所需要实现的'目标'在心中默念一遍,让自己很清晰地了解这个目标是什么。当你准备好的时候,请点一下头,好让我知道是否继续下去。"

(2)环境。"现在你踏上'环境'的纸上,请你想一想与'目标'有关的人、事、物、时间、地点。这个目标涉及哪些人?在什么地方或环境?牵涉哪些时间上的问题?例如:你想在什

---

① 李中莹.简快身心积极疗法:下册[M].北京:北京联合出版公司,2015:172-177

么时候完成'目标'？在什么时候开始出现变化？还有这个目标牵涉些什么事？什么物品？你可以把这些——地想一遍。不用急，你有足够的时间。只有当你已经完全地把相关的环境因素想过一遍，才需要点点头，好让我知道带领你继续下一步。"

（3）行为。"好，现在请你向前走一步，踏在'行为'的纸上。请你想一想，与'目标'有关的事情，你现在是怎样做的？你过去是怎样做的？只有当你已经完全地把过去和现在的做法想了一遍，才需要点点头，好让我知道带领你继续下去。"

（4）能力。"现在请你向前走一步，踏上'能力'的纸上。在这里请你想一想，你曾经考虑过哪些不同的做法，或者现在想考虑的？你拥有哪些能力，能够帮助你达到目标？你尚需一些怎样的能力，会对事情有帮助？你有很多时间，可以慢慢地、详细地想。只有当你已经完全地想过一遍，才需要点点头，好让我知道带领你继续下去。"

（5）信念、价值。"现在，你向前走一步，踏上'信念、价值'的纸上。在这里请你想一想，这个目标有哪些意义？其中什么是最重要的？这个目标可以给你带来什么？你想从中得到什么？这个目标的信念和价值是什么？""你知道绝大部分的信念和价值都是在我们的潜意识之中，所以，我们可以感觉得到，但不容易用文字表达出来。所以，不用去刻意找出文字上的描述，你只需放松整个身心，做几个深呼吸，把注意力集中在潜意识的一点，对它说：'让我感觉一下这个目标的信念、意义，什么是重要的……'这样反复对潜意识说话，好让潜意识清晰地让你知道它的信息。""再做几个深呼吸，好使一些你想知道的信息从潜意识升上来让你知道，把注意力集中在身体内的一点，重复对潜意识发出邀请。不要急，你有很多时间。当你有一些感觉从身体内升上来的时候，点点头，让我知道怎样继续引导你。"

（6）身份。"现在，请你向前踏在'身份'的纸上。在这里，绝大部分的信息从潜意识升上来，都不能用文字表达或清晰地理解。只要放松自己，把注意力集中在潜意识的一点，反复对潜意识说：'我是一个怎样的人？在我人生里我是一个怎样的人？这个目标怎样帮助我实现这个身份？'放松自己，不用急，让潜意识用些时间与你沟通。有些人会看到一些景象，听到一些声音，也有些人会有一些感觉升起。不论你感觉到的是什么，当你收到那些信息的时候，当那些感觉涌上来的时候，点点头，让我知道。""好，当你感觉潜意识的信息已经是完整和清晰的时候，点点头，给我一个讯号，让我知道应该引导你继续下去。"

（7）系统。"现在，请你向前踏在'系统'的纸上。在这个层次，绝大部分的信息不能用文字表达，我想请你再做几次深呼吸，整个人放松，注意力集中在潜意识的地方，邀请它给你感受到这个层次的力量。""在这个层次，指的是你和这个世界的关系。把注意力集中在潜意识，请它与你沟通，让你知道在这个世界上你存在的意义。对这个世界来说，你可以产生的影响，怎样让你感受得到？不要企图找出文字的表达，这个层次的信息会超越文字的范围，很多人收到来自潜意识的信息是一束光、一些颜色，甚至只是一股感觉。不用急，只要放松自己，把注意力集中在潜意识的一点，与它沟通。当你有那份感觉涌现的时候，点点头作为讯号让我知道。""好，这份感觉出现了，继续放松，让它更为明显，使你感觉更清晰。现在我想请你做几个深呼吸，在吸气时感受一下这股感觉如何在身体里膨胀、变暖。""这就是你（受导者的名字）的人生中最深层的力量。这股力量能够帮助你的人生更成功、更快乐。继续做深呼吸，每次吸气时都使内里的感觉膨胀，变得更暖，直至充实了整个身体，继续吸气，让这份力量冲向四肢，直到每一只手指和脚趾，冲上头部，一直冲到头顶。这份力量是你需要的，在你生命中支持你去把每一件事做得最好的力量,是你最深层的力量。现在它与你连结在一起,以后可以随心所欲地运用它。我想请你再用力地吸一次气,看看可否把这份力量增加至最大,对了,就是这样。(安装经验擎。)好好地享受一下这份感觉,享受与这份力量连结在一起的感觉。当你觉得可以的时候,身体慢慢地转180°。"(引导者可以用手轻轻地带一下,但仍站在"系统"的纸上。)

"好,现在带着这份在你人生中最深层的力量,感觉一下你与其他的人、事、物乃至整个世界的关系。当你觉得准备好的时候,点点头,让我知道继续引导你。"(继续按着经验擎。)

(8)身份。"现在请你向前踏一步,站到'身份'的纸上。想一想在这个世界上你存在的意义是什么?带着这份人生最深层的力量,你怎样发挥你的这个身份,使你无论在什么地方都会做出正面的、良好的影响?在你的人生里,你看到自己会因此而成为怎样的一个人?无需开口说话,甚至无需在心里找出文字,允许潜意识运用种种不同的方式与你沟通,让它给你讯号,使你更明白你的身份。""不用急,慢慢地感受潜意识涌出的讯号。只有当你感到足够时,才需要点点头让我知道继续下去。"

(9)信念、价值。"现在请你向前踏一步,站在'信念、价值'的纸上。想一想你可以怎样运用人生最深层的力量去支持你的身份。怎样的一套信念和价值最能帮助你成功?什么是真正重要的?可以带给你些什么?所有这些,对你的未来而言是一个怎样的意义?""只有当你感到准备好时,才需要点点头,让我知道你可以继续下去。"

(10)能力。"现在向前踏一步,站在'能力'的纸上。你怎样运用你最深层的力量,配合你的身份,实现你的信念和价值,发挥你的能力?你所拥有的种种能力里面,什么最能帮助你、最有用处?你有多少个不同的选择可以考虑?还可以找出多少新的选择,使你有更成功、更快乐的人生?好好地、慢慢地想,你有很多时间,所以不用急。只有当你已经完全准备好的时候,才需要点点头,让我知道可以引导你继续下去。"

(11)行为。"请你向前踏一步,站在'行为'的纸上。在这里,请你想一想,你怎样运用你最深层的力量,配合你的身份,实现你的信念和价值,发挥你的能力去做最适当的行为?你打算怎样做?你计划怎样做?第一步会是什么?""慢慢地想,只有当你准备好的时候,才需要点点头,让我知道我可以引导你继续下去。"

(12)环境。"现在请你向前踏一步,站在'环境'的纸上。请你想一想你怎样运用你最深层的力量,配合你的身份,实现你的信念和价值,发挥你的能力,做出最有效、给你最大成功快乐的行为。在你的环境之中,有哪些最能给你帮助?""慢慢地想,只有当你完全准备好的时候,才需要点点头,让我知道我可以引导你继续下去。"

(13)完成。"好,现在请你向前踏一步,闭上眼睛,吸一口气,感受一下此刻的感觉,感受一下内心的力量和很多已经清晰的事情。(放下经验擎。)然后转过身,看着这六张纸,重温刚才在每一张纸上时的内心变化和感受。慢慢地做,不用着急。当你结束时让我知道。"

这个技巧可以用在解决人生任何问题上。受导者必须有一个清晰的目标(想凭这个技巧而达到的目标)。无论开始时的目标是什么,到了"身份"的层次,其实都是运用受导者整个人的力量去找出解决办法,因为任何事都脱不出本人的世界。若想这个技巧有显著的效果,需要注意一些细节的掌握:逐级引导,不要越过六个理解层次的任何一层。引导者应该给受导者足够的时间去与潜意识沟通。最有效的做法是让受导者在准备好的时候用点点头做讯息。受导者往往在过程中(站在每一张纸上)闭上眼睛。引导者应密切注意受导者的面部表情及肢体语言的变化,同时加上鼓舞性的语言(例如:好了,就是这样;好,做得很好;继续,很好……)。若在任何一个层次受导者没有进展,引导者可选择以下任何一个方法去解决:

(1)引导受导者退回上一个理解层次,在那里再次详细地想一次,取得潜意识的讯息后再继续。

(2)引导受导者走出六张纸所象征的六个理解层次,即抽离出来,从旁边看看情况是怎样的,可以有哪些做法等等。等有了新的启示,再踏入刚才所站立的纸上,继续下去。

(3)引导受导者先放松自己,用深呼吸法、观心法等,使自己完全放松了,再把注意力放在潜意识,反复地说:"请与我沟通,让我了解你更多。"

若这些方法都无效,可考虑只用意识的理解能力去完成过程。大部分的受导者站在"系统"位置后,转身返回的过程会进行得很快,甚至无需引导者说任何话。这是正常而且是良好的现象。很多受导者在"系统"层次时,潜意识升起的力量会有各种强烈的感受,例如:眼泪大量涌出、全身发热、体内流动一股暖流、身体摇摆不定等。只要受导者没有恐惧或不良的表现,引导者应该鼓励和引导受导者放松,让自己完全地接受这份力量的提升和扩大。当受导者在"系统"层次感受到潜意识的庞大力量后,引导者为其安装经验掣,多为用手紧握受导者的手臂(注意左右手之安排以方便受导者转身回走为准)。这个经验掣应一直伴随受导者,直到受导者回身走出最后一张纸"环境"后再放开。

如果过程中受导者出现比较强烈的不良情绪,难以继续,无需勉强,所有的引导都应以受导者为中心,接纳和尊重,必要的时候随时停下来。

第二节　理解层次对教师的意义

不同的思维模式和行为模式背后,折射的是教师不同的理解层次。而不同的理解层次,决定着教师个人的职业生涯发展高度和人生高度。一位小学教师曾说:"我并不安心做一个小学教师,我只是凭一个教师的职业道德不忍心误人子弟。我并没有向孩子们投入全部的精力,只是觉得拿了工资应该干一点实实在在的事情。我想,我只要问心无愧。"[1]这位教师不愿意误人子弟,愿意做一些实实在在的事情,这种职业良知是值得称赞的。不过,显然这位教师并没有站在理解层次中"身份""精神"的高度去认识自己的职业,因此其工作热情和对教育的贡献是要打很多折扣的。理解层次对教师的意义就在于,帮助教师站在高处思考和规划职业人生,同时落在低处脚踏实地地做事情。

一、站在高处思考和规划职业人生

[活动]面积计算公式复习课教学设计。

方法一:"请大家再复习背诵一下各个公式,然后完成书上的计算练习题。"

---

[1]　余文森.教师专业发展[M].福州:福建教育出版社,2007:87.

方法二：“我们前面分别学习了各个图形的面积计算公式。实际上，我们只要记住梯形的面积，就可以推导出其它图形的面积。不信大家动笔试一试。”

小组讨论：如果是你，你会采用哪种方法？为什么？具体如何做？请现场模拟进行教学。

在这一教学情境中，大多数教师可能会采用方法一，因为这种方法简单、省时，练习也是被采用最多的提高应试成绩的一种方法。然而，当这种方法成为数学课堂教学的固有模式时，其局限甚至危害是显而易见的，这也是很多学生不喜欢数学，觉得数学枯燥难懂的一个原因。当数学学习变成一种机械的知识记忆和习题演算时，对大多数的学生来说，就会变成一种毫无趣味的负担。

很多教师不会采用方法二的原因也很简单。觉得这种方法对应试成绩的提高没有帮助，反倒浪费时间。虽然口头上这些教师也许并不反对这种方法有利于培养学生的学习兴趣和探究能力。但是，“考试考的是知识，不是这些虚泛的能力。”“天天都在喊课程改革。高考指挥棒不变，我有什么办法？”这种认识在理解层次上停留在“环境”上。因此在行为层面也是应付他所认为的环境。

因此，有的教师每天陷入一种盲目的“做事情”上，很少或者完全不考虑这些事情背后的价值，因为这些教师很少或者从来不思考“我是谁？”“我应该而且可以成为什么样的教师？”这些身份层次的问题，以及这样的身份可以带给自己什么样的精神上的意义。这样的教师也很少关心自己的教育使命，很少关注国家的命运、社会的需要。一个人越不把自己放到更大系统里去进行身份定位，自我的潜能和价值就越难得到充分的实现，物质上的需要也相应难以得到更大程度的满足。道理很简单，一个人为社会做出的贡献越大，社会给予他的回报也才相应更大。同样，教师的学生观也反映出不同的理解层次。如果教师认为学生只需考高分，升入理想的学校即可，而看不到学生是未来社会的建设者和栋梁之才，那么教师就会用应试主义的方式去教育学生，这样培养出来的学生将来就很难担当起建设祖国的重任。

[阅读]

美国教师宣誓誓词[①]

我在此宣誓，我将把我的一生贡献给教育事业。我将履行作为教育者的全部义务，不断改善这一公共福利事业，增进人类的理解和能力，并向一切为教育和学习作出努力的作为和人表示敬意。我将这些义务当作我自己的事，并时刻准备着、责无旁贷地鼓励我的同事们做到这一点。

我将时刻注意到我的责任——通过严格的对知识的追求来提高学生的智力。即使非常辛苦，即使受到放弃这一责任的外界的诱惑，即使遇到失败等等障碍而使之更加困难，我也将坚定不移地执行这一许诺。我还将坚持不懈地维护这一信念——鼓励并尊重终身学习和平等对待所有的学生。

为了忠实地完成这一职业义务，我保证做到努力钻研所教内容，不断改善我的教育实践，并使在我教导下的学生能够不断进步。我保证寻求和支持能提高教育和教学质量的政

① 余文森.教师专业发展[M].福州:福建教育出版社,2007:52.

策,并提供所有热爱教育的人一切机会去帮助他们达到至善。我决心不断努力以赶上或超过我希望培养的素质,并坚持和永远尊重一个有纪律的、文明的以及自由的民主生活方式。

我认识到有时我的努力可能会冒犯特权和有地位的人,我也认识到我将会受到偏见和等级捍卫者们的反对,我还认识到我将不得不遇到那些有意使我感到灰心、使我丧失希望的争论。但是,我将仍然忠于这一信念——这些努力和对目标的追求使我坚信它与我的职业是相称的,这一职业也是与使人民自由相称的。

在这次大会的所有人的面前,我庄严宣誓,我将恪守这一誓言。

二、落在低处脚踏实地做事情

一位有着远大职业理想和愿意肩负教育使命的教师,除了要站在高处思考和规划职业人生外,落在低处脚踏实地地做好每天的细微工作,也是很重要的。

[阅读]

从《小苹果》到《大中国》成都地理老师编歌教学走红网络①

四川在线消息(四川在线记者吴忧 摄影方炜)从"你是我的小呀小苹果",到"你是我的大呀大中国",成都温江寿安学校的地理老师罗春着实火了一把。一首由《小苹果》改编而来的《大中国》被网友捧为新"神曲",歌词内容涵盖了中国34个省、直辖市、自治区,还把它们的位置唱了出来,令网友们感叹"妈妈再也不用担心我的地理成绩了"。

罗春告诉记者,制作这首歌只花了一周的时间,加上300元的录音费用,"只想寓教于乐,没想到会这么火。"

截至16日中午,名为《地理老师改编〈小苹果〉教学地理知识分分钟get》的视频点击量已达数十万次,在优酷、乐视、爱奇艺等知名网站都能找到它。

"亚洲东部有条龙,它的名字叫中国,它的疆域十分辽阔。她有多少行政区,她有多少自治区,下面我就为你分析。"这首歌叫作《大中国》,改编自红遍大江南北的神曲《小苹果》,歌词里这样唱道,"宁夏西藏新疆他们显得很神秘,内蒙广西各具特色风景很秀丽,香港澳门他们都是特别行政区,台湾宝岛,爱你永远,生死相依!"

原本歌词中最琅琅上口的"你是我的小呀小苹果,怎么爱你都不嫌多",被改为"你是我的大呀大中国,怎么爱你都不嫌多"。网友点评:完全契合,毫无违和感,老师有才!

歌词当中还把每个行政区域的位置关系唱了出来:"山东山西分两边,广西广东左右站,两河两湖还在中间,美丽上海和重庆,厚重北京和天津,还有我的家乡四川……"配上视频中对每个行政区域的特点介绍,网友称"听一遍歌词就记住地图了,再看一遍视频就记住这些地方的特色了。"

"妈妈再也不用担心我的地理成绩啦!"网友"娇娆的素颜"说,"地理从小就是我的硬伤,要是你教我的地理,现在我就是一名正宗的文科生了。"网友"安东诺夫卡小杨畅"则表示:"要是以前我的地理老师有这么棒的话,肯定地理学得好得很嘛。"至此,这个"别人家的地理

---

① 本文选自"四川在线"新闻报道.

老师"被众多网友慕名点赞,这首歌也被捧为"新神曲"。

16日下午,记者在温江寿安学校见到了罗春,这个1986年出生的小伙子正在给学生上课,领着学生再次复习这首《大中国》。课堂上,学生兴致颇高,每到高潮部分都是手舞足蹈。罗春把这首歌看作一份礼物,是自己送给孩子们的礼物。"目的很单纯,就是想让娃娃们喜欢上地理这门课,寓教于乐,加深印象。"罗春说,自己也没想到视频会被传到网上,直到走红,"上周五才拿到录好的小样,昨天早上才放了一下,昨天下午就被学生传到网上去了。"

罗春说,改编这首歌曲来自同行的点子,"我在一个全国地理老师群里面,里面有1800多人,上面就有一个台湾的老师上传了一首歌曲,他是把许多知识点融进了《爸爸去哪儿》这首歌。虽然他们教的东西跟我们教的不一样,但是马上触发了我的灵感,当时我正在听《小苹果》这首歌,所以哼唱了几句,就觉得:行。"罗春介绍,自己利用中秋假期,花了2个小时就填上了歌词。

回到学校后,罗春又找到语文老师,向他们请教歌词的韵律,在原版基础上稍作修改成为现在大家听到的版本。"我先在家里试了一下,我家里的录音设备录出来的效果不太好,还是得找专业的录音棚。"罗春说,在成都双楠,自己花了300块钱把这首歌录好,然后上周拿回家,花了一晚上时间就做好了视频,"节奏比较轻快,我想要传递的就是一种简单、快捷、快乐的地理知识。"

罗春介绍,这段视频已经在全校范围内播放,成了一套辅助的教材。"主要是我在教的初一和初二学生,然后学生自己也在听。"罗春说,就是这两天,自己还收到同行的30多个电话和40多条短信,询问是否可以用这个视频教学生,"我的态度是,版权归我,教学生你随便用,本来做出来就是为了教育娃娃。"

除此之外,罗春透露,在全国地理老师的QQ群里,已经有老师开始用这段视频教学,甚至香港和台湾的老师也说要给学生们播放,"他们还让我把其他的教学难点都写进歌词,做更多的视频出来。"

寿安学校办公室主任范远光表示,罗春作为一个青年教师,平时就喜欢钻研业务,对地理教学也非常有想法。"他从教才七年,现在已经是温江区地理教学中心组的组长。他平时喜欢想一些办法破解教学中的难点,所以做出这首歌也是水到渠成,非常正常。"范远光介绍,罗春在稻城、色达支教时,就曾自己设计制作地理模型和教具,把课本上的东西搬到学生面前,让学生实实在在地感受到。"对于这样的创新,我们学校都是非常支持的,最终目的都是把教学工作做好。"

在罗春的学生看来,这个年纪不大的老师也是"非常有意思"。初一学生张超就表示,"罗春老师的课从来不枯燥,知识点非常细,他喜欢把每个知识点放进生活中给我们讲解,就像这首歌,只要会唱了,考试的时候就能记住中国的行政区域,印象很深。"

罗春老师的例子是对古语"世上无难事,只怕有心人"的最好注解。抱怨教学工作单调,实际上是教师自己陷入僵化的教学模式,不肯改变和创新。例如,总有教师抱怨说,很多学生每天的家庭作业不好好完成,让人没法不生气。学生不认真写家庭作业,要么是作业的确太多,尤其当各科教师"较着劲"地布置作业的时候;要么是作业很难或缺乏吸引力,让很多学生无法完成或没有兴趣;要么是学生自己懒怠,懒得完成。无论是哪种情况,如果教师陷入生气和抱怨中,这种情况就会继续重复。重复旧的做法,只能得到旧的结果,要想情况有所不同,必需改变做法。教师应花心思认真思考和探索如何科学地布置作业,促使学生认真完成,真正发挥家庭作业应该有的学习功能。

[讨论]教师有哪些方法可以引导学生认真完成家庭作业?

学生不认真完成家庭作业,有三个不容忽视的原因:一是作业太多;二是作业没意思或太难;三是缺少学习的动力。因此学校和教师应认真分析实际情况,对症下药,就可以有效改善学生不认真完成作业的现象。

[活动]阅读并举例讨论。

许多教育探索并不需要高精尖的仪器与设备,它只需要我们对那些视而不见、习以为常的事物进行批判性的审视,只需要我们对那些司空见惯、熟视无睹的事物用心去发现,只需要我们不断咀嚼、反复琢磨、再三玩味那些理所当然、天经地义的常规和说辞,只需要我们试图去改变那些貌似合理的历来如此、大多如此的想法与做法,哪怕是一点点。

——肖川:《教育的理想与信念》

[阅读]

我心中的理想教师①
○朱永新

我们所处的时代是知识经济的时代,是国际化与信息化的时代,是科学精神与人文精神相融合的时代。这个时代又是充满各种诱惑、矛盾和机遇的时代。新的时代必然对教师提出新的要求,跨世纪的教师面临着新的挑战,师范教育面临着新的挑战。那么,什么样的教师才算是优秀的、出色的? 我心中的理想教师应具有哪些优秀的素质呢?

第一,我心中的理想教师,应该是胸怀理想,充满激情和诗意的教师。

任何教师要想有高的成就、高的水准,首先必须有高的理想。国外有实验专门研究过人的抱负层次和成就的关系,结论是人的抱负层次越高,成就就越大。作为教师来说,走上教育岗位以后,必须为自己设置一个一生为之奋斗的目标。只有设置这样一个目标,才能把自己的所作所为锁定在这个目标上,才能不断增强自我意识和使命感,才能不断地进行自我挑战,否则会走弯路,会荒废时间及精力。

教育和其它职业有很多相同的地方,也有很多不同的地方。教育的复杂性和丰富性,是其它职业所不具备的,它要求教师富有更高的灵性与悟性。

有人说教育是一首诗,可以是田园诗,可以是古体诗,也可以是抒情诗,有各种各样的情调与内涵。教育家读懂这首诗的前提是什么? 是自己给自己设定一个目标:我要读懂它。如果没有解读这首诗的愿望和冲动,你永远不会读懂,也不会写出精彩的诗篇。马卡连柯曾经把他的著作称之为"教育的诗篇",我觉得很有道理。

一个理想的教师,他应该是个天生不安分、会做梦的教师。教育的每一天都是新的,每一天的内涵与主题都不同,只有具有强烈的冲动、愿望、使命感、责任感,才能够提出问题,才会自找"麻烦",也才能拥有诗意的教育生活。写诗是要灵感、悟性和冲动的,真正的教育家

① 朱永新.我的教育理想[M].桂林:漓江出版社,2014:286—292.

也应具备这样的品质，永远憧憬明天。冲动停止，教育就会终结。

一个优秀的教师，必须具有远大的理想，不断地给自己提出追求目标，同时又要有激情。对一个成长中的教师来说，平静的思考是需要的，但更要富有激情。人要会做梦，优秀的教师要永远伴随着自己的梦想。当生活没有梦时，生命的意义也就完结了，教育就没有了意义。

第二，我心中的理想教师，应该是自信、自强，不断地挑战自我的教师。

一个理想的教师，应善于认识自己，发现自己。生活中的一些人，为什么没激情？因为他发现不了自己的可爱之处和伟大之处。认识自己是自古以来人类对自己提出的一个很高的命题。在"认识自我"这个问题上，长期以来我们走进了一个误区。我们的媒体、老师要求我们正确对待自己。我们在评论、总结和交流的时候，总会自贬三分。当然，在交往中自贬一些未尝不可，但在内心深处绝对不能自贬。一个人永远不会超过他们追求的目标。同样，一个人也永远不会超过对自己的评价。一个人对自我的评价，往往是这个人事业、职业能否成功的标志。自信使人自强，适当的"骄傲"使人成功。只有自信，才能使一个人的潜能、才华发挥至极致，也只有自信才能使人得到"高峰体验"。培养人则培养他的自信，摧毁人则摧毁他的自信。日本学者坂木保之介写过一本关于他自己的书，书上有这样一个故事：他在班上学习成绩很差，年级一共有五百人，他排在四百七十多位。但是他的父亲并没有失望，而是不断地去挖掘他的"火花"。一旦树立起对自己的自信，很多东西就自然而然地接受了。所以校长应该保护教师的这种自信，甚至于带有骄傲性的自信。作为教师也应珍视这种自信，不因一时挫折而丧失自信。只要一个人自信心不被摧毁，他一定能够成功。人来到这个世上，就应该有他的价值、他的舞台，就应该有他扮演的角色、达到的境界。有一本书叫做《五体不满足》，讲的是一个年轻的日本人，无手无脚，但正是这样的一个人，考入了日本早稻田大学，成为日本畅销书的作者。因此，我认为一个人要取得成功有两个重要的前题：一个是追求成功，一个是相信自己能够成功。

任何一个人都可以取得巨大的成功，任何一个教师都会取得巨大的成功，只是我们还没有找到成功的道路。

一名理想的教师，应该不断地追求成功，设计成功，更重要的是要撞击成功。因为人来到世上并不知道他会成为什么样的人，只有去撞击每一个可能成功的触点，才能擦出成功的火花。教师有这样或那样的冲动，有这样或那样的撞击，是难能可贵的。当一个教师停止撞击了，就意味着他对生活失去了信心，对自己的存在失去了自信。

第三，我心中的理想教师，应该是善于合作、具有人格魅力的教师。

竞争基础上的合作，合作基础上的竞争，是现代社会的显著特征。一个不善于合作的教师，他走不了太远。因为这个社会是需要合作的社会。社会如此，教师职业也是这样。我们的教育对象，我们的学生，处在非常复杂的社会环境中，时时刻刻接受多方面、多层次的影响。教师影响施加的如何，取决于力的平衡。教师的影响在多大程度上能够成功，取决于教师在多大的层面上协调各方面的力量，共同对学生施加影响。对于一个会做工作的教师，他会调动千军万马来实现自己的教育抱负。有不少教师个人素质很好，但是缺乏合作精神，与别的教师斤斤计较，这样的教师不会有多大出息。合作是多方面的，有教师和教师的合作，教师和学生的合作，教师和家长的合作，教师和校长的合作，教师和社会影响的合作。对于合作与竞争，要确立"双赢"的观念。过去我们往往以为，在竞争中只有一个赢家，因此，合作有一定的困难，更多的是竞争。但事实上，只有双赢才是真正意义上的竞争。

一个优秀的教师应该非常尊重他的同事，非常尊重他的领导，非常善于调动帮助他成长的各方面因素。

怎样成为一个受欢迎的教师？我过去一直讲三要素：一换位，二尊重，三互惠。

第一是换位思考。"己所不欲，勿施于人。"但是换位讲起来容易，做起来却难。换位是一个心理学命题向哲学命题的挑战。哲学家告诉我们"这个存在"只能有"这个意识"；心理学家则说不能这样，"这个存在"要有"那个意识"，这就很难，稍不注意，就会导致本位主义和自我中心，变成一切从自我出发。我们知道，生活中过多的本位、过多的自我中心必然会导致冲突。这些冲突可以通过换位得到很好的解决。所以说在工作、生活中，我们的教师多站在对方的角度去思考问题，这样就会理解别人、同情别人，这样的教师就会被视为一个善解人意的教师。所谓"善解人意"，就是善于换位。换位并不意味着他不知道自己的存在，而是同时也知道别人需要什么，并会在别人需要的时候，及时伸出友谊之手，而不是视别人的痛痒于不顾。

第二是尊重。尊重是人的一个非常重要的心理需要，它还是一个很高层次的需要，是在人的生存、生理需要等满足之后产生的。苏霍姆林斯基说，自尊心是人的心灵里最敏感的角落。一旦挫伤一个人的自尊心，他会以十倍的疯狂、百倍的力量来和你抗衡。"士可杀，不可辱"。因此，教师一定要尊重他人的人格。

第三是互惠。我们的教师在与人交往当中应该学会给予。在共同的活动中，大家能分享活动的成果，在活动中得到相应的回报。西方有一种社会交往理论认为，人和人之间的交往、关系的平衡，很重要的一点取决于心理评价，每个人在这个过程中都要付出，这就是所谓的成本。同时，每个人在交往时都能得到一些东西，这是属于利润。如果这种交往能够令自己有所收获，他就会继续这种交往；如果这种交往浪费很多时间、精力，不值得，他就会中止这种交往。但是有些人在看待教育过程中是吃了亏还是占了便宜的问题时，往往看不到自己的所得，这就导致各种各样的交往失衡。

一个优秀的交往者，一个理想的教师，应能够讲一点奉献精神。我们提倡这样一种精神和境界，因为这样一种精神、一种境界的背后是你能得到回报。所有的付出都会有回报，所有的付出都会有收获。交往的过程实际是利益平衡的过程，斤斤计较于眼前的得失，表面上看暂时得到一些，但实际上失去长远利益。我觉得，如果一个教师真正做到以上三点，我相信他一定会赢得教师群体的尊重，赢得校长的尊重，赢得学生的尊重，赢得家长的尊重。

第四，我心中的理想教师，应该是一个充满爱心，受学生尊敬的教师。

爱教育，是教育力量的源泉，是教育成功的基础。我们有很多教师日复一日年复一年地在教，但是他从没有在教的过程中寻找到乐趣，心中也从没有涌起一股爱的热潮，这样的教师永远也不可能取得教育上的成功，永远也不可能把握教育的真谛。

我在大学教书的时候，我们的师范生在离校时请我给他们留言，我写得最多的一句是：挖掘你生活中、你职业中的内在魅力。因为我们每个人生存和发展的基本的东西是他的职业。你是厌倦它还是喜欢它，对整个心理的发展，对你的幸福感、成就感的获得，都是至关重要的。你不爱这个职业，这个职业也不会爱你。你不爱教师这个职业，你就不能从教师这个职业中获得乐趣。

我们过去经常说"家有二斗粮，不做孩子王"。和孩子打交道确实是一件非常烦心的事，每天都会遇到这样那样的困境，每天都会遇到这样那样的烦恼。但是我说，大烦恼才会有大乐趣，大问题才能有大成就。你仔细去挖掘教师这个职业，就会发现它实在是美，可以说，世界上没有比教师职业更美的东西。

教育家要有梦，连梦都没有，你还做什么教育家？因此，教师要善于发现教育的乐趣，因为我们每天拥抱的是一个新的太阳，我们每天面对着的都是一些个性迥异的孩子，都是一个个前程不可限量的个体。他们当中可能会有今后的政治领袖，可能会有今后的诺贝尔奖获得者，可能会有各种各样的优秀人才。只要你精心地去照料他们、哺育他们，只要你帮助他们去找回自己的自信，只要你帮助他们去挖掘他们身上的潜力，他们的能量是不可限量的，是会远远超出你所能想像的。一份耕耘会给你许多倍的回报！

教师是一个能够把人的创造力、想像力和全部能量、智慧发挥到极限的永远没有止境的事业，它还不值得你去爱吗？

未来的教育家应该投入全身心的力量去爱学生、爱教育。只有爱才能赢得爱，你爱教育事业，教育事业也会爱你，你才能获得事业上的乐趣。你爱学生，学生也才会爱你，也才会让你在和他们的交往中忘记外面的世界，忘记生活的烦恼。

教师职业还有其它很多美，比如说一年有几个月的假期，在这样一个时间段里你可以做很多自己想做的事。恩格斯曾经讲过，一个人最大的发展境界，是能够有最多的闲暇时间从事自己想做的事情。作为一个教师，能在最大程度上获得成功，享受人生。这方面，没有什么职业能够超过教师。只要你能够发现、挖掘教育职业中弥漫着的那种美，你就会每天都产生冲动，你就会看到每个学生都是一朵含苞欲放的美丽的花朵。是的，教师职业可能永远达不到职业排名榜的最前列，但是我相信，一个优秀的、理想的教师，一定会在自己的内心把它排在最前列！所以我觉得，教师应该努力挖掘教师职业的内在美，坚信自己所从事的是一个影响人的一生的、值得为之奋斗一生的事业。这样，你才会爱它，才会全身心地投入。

教师爱学生，一个很重要的表现就是相信每个孩子。每个孩子都具有巨大潜能，而且每个孩子的潜能都是不一样的。只有独具慧眼，发现每个孩子身上的潜能，鼓励孩子去不断地自主探索，才能使他们的才华得到淋漓尽致的发挥。

教师爱学生，还表现在教育的民主性中。我们教育中的民主精神还不够，教师讲学生听，教师命令学生服从，师生之间平等对话太少。我们经常抱怨社会还缺少一些民主，可是社会民主的基础是学校的民主，没有学校的民主，谈不上社会的民主。民主精神的培养，要从小开始。民主体现在许多方面，包括教师与学生讲话、交流的方式，似乎是小事，但都体现着一种民主。中国的学生上课都是正襟危坐，教师在提问的时候，学生都是异口同声地回答，在外国教育家看来，这些都是不可思议的——一个问题怎么可能齐声回答？

我们的不少教师，没有爱心，不是担任教书育人的角色，而是担任"教育警察"的任务；不是肯定成绩，而是发现缺点。当孩子们非常正常、非常优秀的时候，教师不去肯定他们、激励他们，而是将他的问题"放大化"。因此，我觉得我们很多教师扮演的就是一个"刽子手"的角色。在我们教师的手上，不知道失去多少诺贝尔奖获得者，也不知道失去多少鲁迅、郭沫若，不知道失去多少非常优秀的人才。我始终认为，教育有一个很重要的前提就是爱心。只有在爱的基础上，教师才会投入他的全部力量，才会把他的青春、智慧，无怨无悔地献给孩子们，献给教育事业。

第五，我心中的理想教师，应该是一个追求卓越、富有创新精神的教师。

教育家和教书匠，一个最大的区别，就是教育家有一种追求卓越的精神和创新的精神。我们很多家长，在为孩子挑教师、挑班级的时候，都喜欢挑一个年纪大一点的"富有经验"的教师。我对他们说，你们不要这样，教育家不分年龄。今年全国十大杰出教师候选人，我看绝大多数人都是五六十年代出生的，很多都非常优秀同时又非常年轻。一个教师不在于他教了多少年书，而在于他用心教了多少年书。有一些人，他教一年，然后重复五年乃至一辈子；有些人，实实在在地教了五年。一个实实在在教五年的人，与一个教了一年却重复了一辈子的人，他的成就是不一样的。

一个优秀的教育家，他应该是一个不断探索、不断创新的人，应该是一个教育上的有心人。

一个人之所以能够成功，往往在很大程度上是因为他是个有心人。

有心就能成功，无心则不能成功。尽管我们有时说"有意栽花花不发，无心插柳柳成荫"，但是，毕竟大部分是有心栽花花自发，无心插柳柳无荫。这个基本规律我们不能忘记，我们不能把我们的成功建立在不可捉摸的侥幸和偶然上。

所以我说，如果你不信，你从今天开始就写教育日记，就做一个有心人，认真总结教育的得与失。一件事情，今天成功了，是怎么做的？有什么体会？有什么感受？今天产生了一个矛盾，是怎么解决的？今天产生了一个挫折，又什么样的感受？你把这些原封不动地记录下来。五年以后将那些最精彩的东西选编出来就是最精彩的书。那些"火花"的东西，对读者会产生强烈的心灵震撼。现在的问题是，我们很多人，激动了一下，兴奋了一下，没有付诸笔端，这些"火花"不久就烟消云散了。做一个有心人，什么都能做学问。在有心的前提下，才能把各种碎片串成最美丽的项链。本来那碎片的东西，单独来看，好像没有价值，那不是因为它们没有价值，而是因为它们的价值没被发现，如果被发现，它们就会光彩夺目。所以理想的教师应该是一个有心人。

中小学教师搞教育科研，就是应该从记录教育现象、记录自己的感受、记录自己的思考开始，把这一串串的"珍珠"串起来，那就是一个非常美丽的项链。这样的教育科研应该鼓励。当然这并不排斥我们的教师和专家合作，进行一些理论上的探讨，但毕竟中小学的教育科学研究和大学教师的研究是不一样的。我非常赞赏教师记教育日记，让教师将自己的体会，都记在本子上，就拿这个本子，可以在中国出版"中国教师日记丛书"。

我们的教师，还应该创造与众不同的品牌，打出自己的旗帜。实事求是地讲，现在我们有很多教师，包括评选出的许多优秀教师、特级教师都没有自己的特色。我们现在评选优秀教师、特级教师时，往往是看他发表的论著多少，而实际上很少探究他独特的一面。我认为只有真正建立自己的风格、自己的体系，才能成为一个教育家，才能成为"大家"。

第六，我心中的理想教师，应该是一个勤于学习、不断充实自我的教师。

勤于学习，充实自我，这是成为一名优秀教师的基础。一个理想的教师，一个要成为"大家"的教师，一个想成为教育家的教师，他必须从最基础的抓起，扎扎实实多读一些书。在苏州，我们搞了一个名师名校长培训班，除了进行"与大师对话"等各种培训外，很重要的一条就是读名著。你不读《论语》、不读陶行知、不读杜威、不读苏霍姆林斯基，恐怕很难成为教育家。我们正在选编一套《新世纪教育文库》，希望能够为中国的教师们精选一批国外的名著。

不要把教育家看得多么神秘，每个教师都有可能成为在中国非常有影响的教育家，每个人都可以做到，关键在于是否做一个有心人，是否执著，是否有恒心。当然，我们知道，教育家必须具备相应的知识结构、教育理念、文化素养、道德素养、工艺素养等。

因此我觉得，教师最重要的任务是学习。任何一个教育家都不可能离开前代人的教育财富。事实上，很多的教育家，只不过是把别人的财富应用到自己的教育实践中，提出很多理论上的共鸣而已。你要自己去探索，找到理论上的支柱和共鸣。现在不少教师找不到感觉，找不着"北"。作为一个教师，你跟其它专家不一样，需要各方面的知识。一个知识面不广的教师，很难真正给学生以人格上的感召力。孩子年龄越小，他对教师的期望就越高，他就越把教师当作百科全书。在他们眼里，老师是无所不知的，而如果教师是一问三不知，他就非常失望。所以教师应该完善自己的知识结构。

教师还应该努力理解孩子的世界。成人世界和孩子世界是不一样的，孩子们的世界有独特的色彩、旋律和内涵。教师要和他们一起喜怒哀乐，要和他们共同成长，要成为他们中的一分子。教师需要有一颗非常年轻的心，才能与他们沟通，才能理解他们，才能够得到他们的爱。可是我们一直主张师道尊严，鼓励师生之间要有距离感。中国传统教育有很多好东西，也有很多不好的东西。过于强调师道尊严就不好。教师还应该有三历：学历、经历和阅历。这三历是一个有机的联系，不一定是将名山大川都走遍，行万里路和读万本书，其价值是一样的。我们要鼓励教师成为一个探索自然、热爱自然、热爱生活、热爱人类的人，要培养这样一种心境，才能教育好孩子们。

第七，我心中的理想教师，应该是一个关注人类命运，具有社会责任感的教师。

教育不光是给孩子们知识，更重要的是培养学生一种积极的生活状态，以积极的生存心境和人生态度对待生活。教育本身就是生活。我们经常埋怨社会，这也不是，那也不好。我们诅咒腐败，诅咒专制，诅咒独裁，诅咒关系，诅咒各种各样的东西，但是我们很少想到，我们所诅咒的东西，很大程度上是我们自己所塑造的。在某种程度上可以说，教师是病态社会的根源，所以教师不要逃避责任。作为一个教育家，作为一个理想教师，他应该非常关注社会，非常关注人类命运，非常注重培养学生的社会责任感。也只有教师的社会责任感才能塑造学生的社会责任感。教师在课堂里面和学生讨论环境、人口等问题，才能唤起孩子们对这些问题的关注。

如果教师们整天关心的是名次，是分数，孩子们的心胸怎么能得到发展？学校的世界和外面的世界应该是息息相通的，而现在却是"外面的世界很精彩"，学校的生活则充满苦难。因此，要使学生更好地生活，要使今后的社会更加理想，更加完美，首先要净化我们的校园，并使我们的学生具有人文关怀精神。苏霍姆林斯基说过，孩子在离开学校的时候，带走的不仅仅是分数，更重要的是带着他对于未来理想的追求。

我觉得，我们的教育，我们理想的教师，应该这样去做。也就是说，我们所做的一切，都是在为未来做准备。我们的教育是为了未来的教育，是着眼于孩子一辈子的教育。只有这样，才能有强烈的责任感。所以说，校长的社会责任感、教师的社会责任感，影响着学生的社会责任感；校园的民主方式、教育方式，直接影响到孩子们的生活方式。我希望我们的教师，应该认真关注窗外的世界。

第八，我心中的理想教师，应该是一个坚韧、刚强、不向挫折弯腰的教师。

　　教师生存在不同的环境,有的在重点学校,有的在非重点学校,有的在城市,有的在农村。孩子也有不同的背景和基础。有的人经常会埋怨:怎么让我到这样一个蹩脚的学校工作? 总希望给他换一个更好的环境。这种心情可以理解,但是我想说,所有的环境,都能够产生教育家;所有的磨难,都可能造就教育家。把这个学校领导好,让这些孩子得到最好的发展,就是你的使命。"天将降大任于斯人也,必先苦其心志,劳其筋骨。"事实上,环境好坏是相对的,不是绝对的。在一个名气很响的重点学校,它的规范多,它的自由可能会少;而在一所名不见经传的学校,人的创造性可能得到更大的发挥。我经常对我们的优秀校长说,你得意可以,但不要忘形,因为不是你的教学水平特别高,而是你的学生造就了你和你的学校、你的教师。说句老实话,把这些重点学校的孩子放在哪里,他们都会很好地发挥,因为他们在多年的受教育中,已经养成了自我学习、自我教育、自我发展的模式。真正见功夫的是,你要把差的学生教育好,把差的学校管理好。所以我要求我们的优秀学校,必须帮助或合并一所基础薄弱的学校,否则看不出那些优秀学校的校长、教师有什么真功夫。有人说,像我这样的教师,只有到优秀的学校教优秀的学生。不能说他的话一点儿道理都没有,但我觉得,只会教好学生的教师,不是好教师;只会教好学生的学校,也不一定是非常优秀的学校。

　　我觉得,对一个教师的成长来说,坚韧不拔的意志和恒心非常重要。行百里者半九十,为什么? 因为绝大多数人,走到最后的十里路就泄气了,就停下来了,而真正成功的人是坚持走完最后的十里路。这要靠毅力。有很多很多的人,是在成功的边缘退却而导致功亏一篑的。当然,我们也不希望所有的教师都能够成为理想的教师,那是永远不可能的。因为人是有差异的,人的价值观也是有差异的。一些人希望轰轰烈烈,希望有声有色,希望成为一个受人尊敬的、非常具有成就的教育家;也有些人就希望平平淡淡、安安静静。我们不能强求每个教师一定要有我讲的这样一种理想和追求,但是我想,如果一个社会没有这样一些理想的教师,如果一个校园没有这样一些理想的教师,那就是一种悲哀,既是社会的悲哀,也是教育的悲哀。

　　教育需要理想,只有燃烧起理想的火焰,我们才能使我们整个民族变得强盛,变得有凝聚力,我们才能在与世界各国的竞争中站住脚。

　　我们应该鼓励我们的教师,在任何时候,都不要放弃;应该鼓励我们的学校,在任何时候,都不要放弃。因为我们已经接近了成功的边缘。我们追求了,就应该有结果。教育是永恒的事业,一代教师的追求,两代教师的追求,全体教师的追求,会在校园里燃烧起理想的火花,并从而使我们的民族燃烧起理想的火花。

　　所以我希望中国的教育充满理想! 我们的教师、校长充满理想、激情和诗意!

》 中 编

素 质 篇

第四章 教师专业知识

要给学生一杯水，教师就要有一桶水。

——李镇西

当教师需要以专业人员的资格和社会对话时，许多教师的底气显得不足。底气来自于角色再定位，来自于广博的学习，来自于反思性教育教学实践。教育是一个使他人和自己都变得更美好的事业。为了这份更美好的事业，我们需要努力打造自己的专业底气。

——叶　澜

第一节　教师的专业知识结构

对教师专业知识及其结构的广泛研究始于 20 世纪 80 年代，是在教师专业化背景下发展起来的，其逻辑正如舒尔曼（Shulman）指出的："倘若要推进教师专业化，就必须证明存在着保障专业属性的'知识基础'，阐明教师职域里发挥作用的专业知识领域和结构。"[①]教师的专业知识影响着教师教育教学的各方面，如教师对课程的理解、对教科书作用的认识、对学生的看法等等。教师知道什么以及怎样表达自己的知识对学生的学习至关重要。1986年美国卡内基教育和经济论坛、霍姆斯小组相继发表《国家的准备：面向 21 世纪的教师》《明日之教师》两个报告，在报告中均指出必须重视教师发展的知识基础。因此，从知识的角度探讨教师发展业已成为当前教师专业化研究的重要方向。与在西方专业化程度最高的医生、律师、工程师等职业相比较，教师职业作为一门"准专业"，正走在专业化发展的道路上。作为构成教师教育教学活动的知识基础是什么？影响教师职业行为的职业知识领域和结构是什么？国内外学者对这个问题，从不同的角度提出了各自的观点。

---

① 舒尔曼.理论、实践与教育的专业化[J].比较教育研究,1999(3):58.

一、国内外教师专业知识研究的主要观点

(一)国外的观点

1.舒尔曼的分类

舒尔曼曾指出"没有研究者关注过学科内容本身,没有人问过学科知识是怎样从教师的知识转化为教学内容的,也没有人问过对内容的系统陈述与学生的逐渐认识或错误的理解如何相关联。我的同事和我把各种各样研究教学但没能关注学科问题的范式称为'缺失范式'"。为了研究与"缺失范式"相关的问题,舒尔曼和他的同事于80年代中期在斯坦福大学启动了"知识在教学中的发展"的研究计划,此后一直坚持对教师专业知识的研究。

舒尔曼等人定义了构成教学的知识基础的七种类别的知识:(1)学科知识,指对某一学科的内容具有在该领域的专家水平的理解,包括具体的概念、规则和原理及其相互之间关系的知识。(2)一般教学知识,指超越具体学科之上的各科都适用的课堂教学管理与组织的一般原则与策略,例如制定教学进度表、测验方式及讨论式授课方式,评估学生成果的一般方法等等。(3)课程知识,指对课程整体框架的理解,包括课程理论、教科书、教师手册、实验指导等的内容知识。(4)教学内容知识,指与特定内容相关的教学知识,是学科知识以及教学法知识的融合。(5)学生及其学习特点的知识,是指有关学生学习过程中身心状况的各种知识。例如学生在上课前懂些什么,不懂些什么,如何提高学生的兴趣等。(6)教育环境的知识,包括从班组到课堂的情况、学区的管理和经费分配到社区和文化的特征。(7)关于教学的目的和价值及它们的哲学和历史基础的知识。指的是集合教育哲学、心理学、社会学等形式的知识。例如,对学生的学习目的是以提升个人品格还是以升学为取向的认识等。

2.格罗斯曼的分类

格罗斯曼认为教学工作与其他职业最主要的差异,在于教师专业知识的特殊性,她在舒尔曼的分类基础之上将教师专业知识分为以下六类:(1)内容知识,包含学科知识及教学内容知识。(2)学习者与学习的知识,包含学习理论的知识、学生的身心特征和认知发展、动机理论及运用,以及学生的背景(如性别、家庭环境等差异)等。(3)一般性教学法知识,包含班级组织及管理的知识,以及一般普通的教学方法。(4)课程知识,包含课程发展的过程,以及学校各课程间横向、跨年级课程纵向的知识。(5)背景知识,包含环绕教师工作的各种背景,例如学生的家庭背景、学校、所在地区与省市,甚至扩充至整个国家的情况。(6)自身的知识,包含教师个人的价值观、意向、优缺点、教育哲学观点、对学生的期望以及教学的目的等知识。

3.吉尔伯特的分类

吉尔伯特、赫斯特和克拉里提出了一个关于"课堂教师"专业知识基础的一个广泛的既前后有序又具有层次的分类。在说明不考虑舒尔曼所说的内容的知识的前提下,吉尔伯特等人在他们的分类中设计了四个层次。第一个层次是关于学校作为一种机构的知识,包括美国教育史、教育哲学、职业道德、公共政策、学校法规和学校组织方面的知识。第二个层次

是关于学生的知识,成分有多元化教育、社会经济元素、学习理论以及人的发展方面的知识。第三个层次是教学的知识,包括课程发展、教学方法、教育技术、测量和学习风格的知识。第四个层次是决策层次,又称为实际应用的知识,其中有人际关系、教育管理、评价及建立模式方面的知识。

(二)国内的观点

在国内,近来有大量的学者对教师的专业知识进行了广泛关注与深入研究,并实施了卓有成效的实践探索。

1.叶澜的分类

叶澜教授认为,教师专业知识结构具有多层复合结构特征,并将教师专业知识结构分为相互支持、渗透、有机整合的三个层面。处于教师专业知识结构基础层面的是有关当代科学和人文两方面的基础知识,以及工具性学科的扎实基础和熟练运用的技能、技巧。第二个层面是具备1~2门学科的专门性知识,这部分知识是教师胜任教学工作的基础性知识。第三个层面属于教育学科类,它主要由帮助教师认识教育对象(人的认识、教育哲理的形成)、教育教学活动(管理策略、教育教学活动设计、方法选择、现代教育技术手段的运用)和开展教育研究的专门知识组成。[①]

2.辛涛等的分类

辛涛、申继亮、林崇德教授从认知心理学的角度对教师专业知识进行了分类研究。他们提出,教师专业知识从其功能出发可以分为四个方面的结构内容:本体性知识、条件性知识、实践性知识和文化知识。本体性知识是教师所具有的特定的学科知识,即教师所教科目的内容及其组织,如语文知识、数学知识等,是教学活动的实体部分。条件性知识是教师所具有的教育学、心理学知识,涉及教师如何教的问题和如何使用教育学和心理学知识把学科知识转化为学生可以理解的知识,是对本体性知识的传授起理论性支撑作用的知识。条件性知识又可以具体化为三个方面:学生身心发展的知识、教与学的知识和学生成绩评价的知识。实践性知识是教师在教学行为中所具有的课堂情境知识以及与之相关的知识。这种知识是教师教学经验的积累,能对本体性知识的传授起到一个实践性指导作用。文化知识包括哲学、社会科学、自然科学等方面的知识。[②]

3.陈向明的分类

陈向明教授把教师专业知识分为两类:理论性知识和实践性知识。理论性知识包括学科知识、学科教学法、课程、教育学、心理学和一般文化等原理性知识。实践性知识是教师真正信奉的,并在其教育教学实践中实际使用或表现出来的对教育教学的认识,包括六个方面的内容。(1)教师的教育信念。具体表现为对如下问题的理解:教育的目的是什么?学生应该接受什么样的教育?什么是"好"的教育?"好"的教育应该如何实施和评价?如何看待教师职业?(2)教师的自我知识。包括自我概念、自我评估、自我教学效能感、对自我调节的认

---

①　叶澜.教师角色与教师发展新探[M].北京:教育科学出版社,2001:22-23.
②　辛涛,等.从教师的知识结构看师范教育的改革[J].高等师范教育研究,1999(6):12-17.

识等。(3)教师的人际知识。包括对学生的感知和了解(是否关注学生,对学生的召唤是否恰当地做出回应,有效地与学生沟通);热情(是否愿意帮助学生);激情。(4)教师的情景知识。教育学理论的理解、对整合了上述领域的教学学科知识的把握,将原理知识运用到教学中的具体策略(如比喻和类推),对所教科目及其目标的了解和理解,对课程内容和教学方式的选择和安排,对教学活动的规划和实施,对教学方法和技术的采用,对特殊案例的处理,选择学生评估的标准和手段等。(6)教师的批判反思知识,主要表现在教师日常"有心"的行动中。[①]

[讨论]在了解了国内外对于知识的分类后,讨论专业与职业的差异以及教师专业知识构成应由哪几个部分构成?

二、教师专业知识结构的基本构成

尽管对教师专业知识的认识不尽相同,然而当我们研读关于这方面的文献时,可以发现这些不同的教师专业知识分类模型之间存在某些共性的内容,容易得出一个不争的事实:无论是哪个领域从哪个角度所做的教师知识的研究,大部分都要概括教师的学科知识和教学内容知识的研究。这说明,关于教师知识的研究是以学科知识和教学内容知识这两种类型的知识为核心展开的。然而除此之外,教师广博的文化知识、深厚的教育科学知识以及丰富的实践性知识同样也是教师专业知识结构中的有机组成部分。

(一)专业学科知识

专业学科知识是教师专业知识结构的核心、重要且最有用的成分,包括学科知识和学科教学知识。舒尔曼认为,教师除了具备学科知识与一般教学知识外,必须在教学中发展另一种新的知识,即学科教学知识。因为教师不仅要对某一概念、原则或原理有自己的正确理解,他们还要掌握如何恰当的向学生表征这些概念、原则、原理的方法。这种知识"包括学科内容和它的可教性方面的知识""是特定的内容与教育学的混合物,是教师独特的领域,是他们专业理解的特殊形式",是学科知识在教学应用中的独特体现。结合一些学者的研究,学科教学知识包含以下内涵:

(1)学科教学知识是向特定学生有效呈现和解释特定内容的知识,是教师关于如何将自己所知道的学科内容以学生易理解的方式加工、转化给学生的知识。

(2)学科教学知识是与特定主题相联系的知识,它不同于一般教学法知识以及一般意义上的关于教育目的、学生特征方面的知识。

(3)学科教学知识是关于某一主题的教学知识,本质上不同于学科知识。

(4)学科教学知识的发展是一个不断建构的过程。它并不是随着学科知识和一般教学知识的获得而自然获得;而是在很大程度上由教师个人在自己所任学科和所在班级的特定范围内,不断将诸方面知识综合、创新的探究过程。

(5)学科教学知识是学科知识与一般教学法知识的有机整合,是区别教师与学科专家、

---

① 陈向明.实践性知识:教师专业发展的知识基础[J].北京大学教育评论,2003(1):104-112.

教学专家的一种知识类型,是教师独有的知识类型。

(6)学科教学知识表现在:教师对学科内容进行加工、转化、表达与教授时,需要对所要教授的学科内容进行批判性反思与解释时,需要采用多种方法(如类比、暗喻、举例、提出问题、演示等)表征学科内容时,需要根据学生的能力、性别、先前知识和前概念来选择、分配各种材料,等等。

[链接]

对于从事不同层次与类型教育的教师应该具有的学历水平,世界各国大都做出明确的规定。美国开展教师教育的学校实行"4+1"学制或双学位模式,即未来的教师在大学本科4年的时间内学习与其他同类专业相同的学科专业知识,甚至有的就在同类专业的院系学习,之后再增加一年的时间学习教育理论方面的课程,并参加一些实践活动。学生毕业后获得相应的学科专业的学士学位和教育硕士学位。根据我国的《教师法》,取得幼儿园教师资格,应当具备幼儿师范学校毕业及其以上学历;取得小学教师资格,应该具备中等师范学校毕业及其以上学历;取得初级中学教师资格,初级职业学校文化、专业课教师资格,应该具备高等师范专科学校或者其他大学专科毕业及其以上学历;取得高级中学教师资格和中等专业学校、技工学校和职业高中文化课、专业课教师资格,应该具备高等师范院校本科或者其他大学本科及其以上学历。近年来,由于采取多种形式加强教师培训,我国教师的学历状况有了明显的改观。到 2002 年,全国小学专任教师 577.89 万人,学历合格率 97.39%;初中专任教师(含职业初中)346.7 万人,学历合格率为 90.28%;普通高中专任教师 94.6 万人,学历合格率为 69.28%。[①]

(二)普通文化知识

一方面,教学工作的对象是有待于进一步塑造的人,因此强调教学工作的"人文性"特点,强调教师对普通文化知识的掌握,因为普通文化知识本身具有陶冶人文精神、养成人文素质的内在价值。在拉丁文中,"文化"一词的本义就是"培养"。在今天,广义的文化也许已成为一个包罗万象的概念,反映在教师应具备的普通文化知识上,广博的要求也是顺理成章的。教师应具有哲学、社会科学、自然科学等方面的知识,不仅要"渊博""饱学博识",同时要内化为个体的人文素质,从而成为一个具有崇高精神境界、健全人格特质的"人类灵魂的工程师"。

另一方面,教师的职责之一是传授知识,因此教师除了精通所教授的某一学科知识外,还要有广博的知识储备,从而能够:

(1)满足每个学生多方面的探究兴趣和多方面发展的需要;

(2)帮助学生了解丰富多彩的客观世界;

(3)帮助自己更好地理解学科知识;

(4)帮助自己更好地理解教育学科知识,如学习教育哲学就需要思维哲学、伦理学、社会哲学、认识论等学科的知识基础;

(5)提高在学生和家长中的威信,教师知识越多,他在家长及学生心目中的威信和信誉

---

① 耿文侠,苏国安.教师的专业素质[M].石家庄:河北人民出版社,2006:82.

中编 素质篇

就越高。

[链接]

中国早期话剧活动家、艺术教育家李叔同先生自日本留学归国后,即在浙江省立第一师范教音乐和美术。那时,英文、国文和算学是"主科",在别的学校,这三门功课的教师最有权威,而在第一师范,音乐教师却最有权威,因为这位音乐教师不是别人,正是李叔同的缘故。因为他教图画、音乐,而他所懂的不仅是图画、音乐,他的诗文比国文先生好,他的书法比习字先生的更好,他的英文比英文先生的更好……这种深厚的文化底蕴,显然是一个普通的图画老师、音乐老师所不能比的。

"他教的是图画、音乐两科,这两种科目,在他未来以前是学生所忽视的。自他任教后,就忽然被重视起来,几乎把全校学生的注意力都牵引过去了。课余但闻琴声歌声,假日常见学生出外写生,这原因一半当然是他对于这二科实力充足,一半也由于他的感化力大。只要提起他的名字,全校师生以及工役没有人不起敬的。"

——夏丏尊:《弘一法师的出家》

"西洋文艺批评家评价德国的歌剧大家瓦格纳有这样的话:阿波罗(文艺之神)右手持文才,左手持乐才,分赠给世间的文学家和音乐家。瓦格纳却兼得了他两手的赠物。意思是说,瓦格纳能作曲,又能作歌,所以做了歌剧大家。

拿这句话评价我们的李先生,实在还不够用。李先生不但能作曲,能作歌,能作画、作文、吟诗、填词、写字、冶金石、演剧,他对于艺术,差不多全般皆能。而且每种都很出色。专门一种的艺术家大都不及他,向他学习。"

——丰子恺:《我的老师李叔同》

[链接]

美国的博雅教育①

美国素有"博雅教育"的传统。早在1930年,芝加哥大学校长赫钦斯(Roben M,Hutehins)就提出大学生在4年的大学生涯中至少应博览一百部古典巨著。1945年时任哈佛大学校长的科南特撰写了《自由社会中的通识教育》一书,规定哈佛大学的学生要选修以西方文化为中心的课程。在美国人看来,科学文化基础知识的教育有助于思想和精神的解放,使未来的教师摆脱无知、偏见、闭塞和狭隘的束缚,学会清晰的、合乎逻辑的、深刻的、全面的认识方式和思维习惯,获得良好的语言交往技能,成为真正有教养的人。受"博雅教育"思想的影响,美国在教师职前培养中非常重视普通文理课程的设置,强调未来教师掌握基础性知识的重要性。纽约大学要求该校所有教育学院的本科学生选修莫尔斯学术计划课程和文科教育计划的课程,掌握人文科学、社会科学和自然科学的普通知识,具有基本的文化修养、伦理道德、探索精神和分析与解决问题的能力。莫尔斯学术计划课程是以艺术家、科学家、电报的发明者莫尔斯命名的普通教育课程。文科教育计划课程包括12个领域的文理科课程。

① 耿文侠,苏国安.教师的专业素质[M].石家庄:河北人民出版社,2006:7-8.

[视频]播放《一轮明月:弘一法师》电影片段,讨论并分享广博的文化知识对教师的重要性。

(三)教育科学知识

教学工作是一种培养人的专业工作,"仅通晓一门学科并非必然地使他成为该学科的好教师""学者未必是良师"。一个教师要成功地扮演好自己的角色,在以所教学科知识够用的基础上,更重要的是具有教育科学方面的知识,教师的专业领域毕竟是教学而不是其任教的学科。虽然教学工作作为一种专业所依赖的教育学科知识体系还不完全具备"一种公开的、经得起公众考察和批判的方法,以便能够形成代表它这一专业的一系列独特的观念、步骤和概念,并能对它作出检验"。但目前确实已存在着可以作为教学工作基础的"一个知识体系和一系列新颖的关于教学的概念",在教学法知识方面新近也有"无数成就",关于人的成长与发展的知识也"从容地发展起来",这些知识在很大程度上可以确保教师有效地履行自己的专业工作。

具体说来,教师的教育科学知识包括两个方面:①

第一,一般教育学知识,包括教育基本理论、心理学基本理论、德育论、教学论、教育心理学、中外教育史、教育科学研究方法、学校管理学、教学论、现代教育技术知识等等;

第二,学科教育学实施,如学科教育学、学科课程论、教材教法等。他们是教师对教育学、心理学、学科知识、学生特征和学习背景的综合理解。

[链接]

近年来,世界各国普遍重视教师对教育学知识的掌握。英国规定,所有中小学教师必须经过教育专业训练、取得教育证书和教育学士学位。只有取得这种证书的人才能在英国的中小学任教。无证书者,无论其专业水平如何,都不能当教师。日本要求所有的中小学教师必须取得一定的教育科目学分,而且教育年级越低,教育科目所占的比例也就越高。德国规定,未学过教育学的人,一律不得被聘为中小学教师。美国在教师职前培养阶段,教育专业的课程占很大的比重,一些教育学院的教学计划中教育课程占总课时的30％到40％。威斯康辛州立大学教育学院规定,师范生必须修满120学分以上,其中教育理论与实践课占46学分,占总学分的38％。②

(四)实践性知识

教师实践性知识是指教师在具体的日常教育教学实践情境中,通过体验、反思、感悟等方式来发现和洞察自身的实践和经验之中的意蕴,并融合自身的生活经验以及个人所赋予的经验意义,逐渐积累而成的运用于教育教学实践中的知识以及对教育教学的认识,它主导着教师的教育教学行为,有助于教师重构过去经验与未来计划,以至于把握现时行动。这种知识以特定的实践环境和社会环境为特征,并且是高度经验化和个人化的。艾尔贝兹如下概括教师实践知识:

---

① 余文森.教师专业发展[M].福州:福建教育出版社,2012:63.
② 耿文侠,周保利.美国中小学教师专业化初探[J].河北师范大学学报:教育科学版,2002,4(1):26.

"这种知识包含着大量关于学生的学习风格、兴趣、需要、长处和困难的第一手经验以及大量常备的教学技巧和课堂技能。教师要了解学校的社会结构，了解它对学生和教师的要求；还要了解学校所处的社会环境，知道社会能够接受什么，不能接受什么。这种经验性知识来源于教师所教学科的理论知识和教师对某些领域的理论知识，如儿童成长理论、学习和社会理论。所有这些类型的知识，被每位教师整合成为个人价值观和信念，并以他的实际情境为取向，它们被称为'实践性知识'。"①

教师的实践性知识具有不同于理论性知识的鲜明特征：个体性、实践性、综合性、缄默性、保守性。

[练习]思考并讨论：你如何理解实践性知识的特点？

第二节　教师专业知识优化的途径

具备相关的专业知识，是教师从事教育教学工作的基础。然而，学科教学知识、普通文化知识、教育科学知识和实践性知识并不是无序的堆砌于教师的头脑中，而必须经过整合，形成合理、完善的知识结构。专业知识的丰富性和结构的合理性直接决定着教师专业水平的高低。

一、教师专业知识结构的基本特征

(一)综合性

华东师范大学的叶澜教授认为，知识素养上，教师不再局限于"学科知识＋教育学知识"，而是强调多层复合的结构特征。同时，这些多层复合性的教师专业知识结构，还应事先彼此之间相互支撑、渗透与有机结合，而且这种整合了的专业知识表现为教师教育行为的科学性、艺术性和个人独特性，表现为教师精神生活的丰富性和发展性时，它才充分显示出教师作为一个专门职业对丰富而独特的专业知识的要求，绝对不比其他专门职业低。② 由此，为了保证教学活动的顺利进行并收到良好的教学效果，教师往往需要多学科、多层次的综合性知识。

(二)实践性

实践性的知识指通过对具体情境的感知、辨别和顿悟而产生并能有效指导实践的知识。教育是一种特殊的实践活动，涉及很多因素，具有高度的情境性，教师势必会对各种教学情境产生一些体会和心得。这些体会和心得直接影响教师的课堂行为，成为教师专业知识的重要组成部分。另外，即便是教师在学习某种现成的理论时，也不可能单纯依靠"传授"就信

---

① Elbaz F. Teacher Thinking：A Study of Practical Knowledge[M]. London：Groom Helm，1983：5.

② 叶澜．教师角色与教师发展新探[M]．北京：教育科学出版社，2001：23－25.

服并掌握该理论,必须与具体的教育教学实践情境相联系,否则这种"理论"就是无源之水、无本之木。而且,学习知识的最终目的是为了应用,单纯的理论知识对充满活力、变化和不确定性的教育教学情境来说显然是不充分的,这就需要教师随时进行加工改造,创造出在实践中易于应用的知识。可见。教师专业知识是一种实践性的知识。然而以往的知识观认为教师的专业知识主要是关于学科、教育学、心理学等领域的理论知识,忽视教师知识的实践性,在教师教育中传授大量的理论知识,让他们利用这些理论化的知识指导具体的教育教学实践活动,这就不可避免地会出现"学了教育学、心理学,还是不会教书"的现象。

(三)对话性

知识的对话性是指拥有知识的主体可以针对某些问题进行交流以求更加深入的理解和应用。传统的教师知识观将知识看作是真理、权威,让不同的教师学习同一种符号体系表达的"公共知识",认为教师只需要无条件地接受这些知识就可以了,公共知识是不含有教师个人特征的知识,是呆板、空洞而缺乏生机的,与教师鲜活的实际工作环境相去甚远,教师只能临时"记住"它们,却无法真正理解和应用,这就大大降低了他们互相交流的需求和愿望。所以,虽然这种知识是可以言传的,但却是缺乏对话性的。个人知识观认为教师的专业知识是通过实践形成的个体性的知识,与个人不同的教育教学实践活动相结合,包含有大量的个人加工的成分,所谓"仁者见仁,智者见智",而且这些知识是真正影响课堂的知识,所以他们需要互相切磋与交流,从而不断发展与提高。也就是说,教师的专业知识是一种对话性的知识,通过交流、对话能够变得更加"专业"。

(四)发展性

教师专业知识的发展性是说它是不确定、不完全的知识,具有无限的开放性,随着具体情况的改变而不断地被修正和完善。这是因为教师的专业知识具有个体性和实践性的特征,势必带有一定的局限性,在教学中不仅存在着结构良好的知识,也存在着许多结构不良的知识,还存在着一些模糊的、不确定的知识,而且多数知识是与具体情境相联系的,会随着实际情况的变化而不断变化。所以教师专业知识的生成实际上是一个个体通过实践活动,不断超越自我的可持续性发展的过程。我们不能期望通过师范教育、培训或其他什么方式让教师在短时间内拥有一套完善的专业知识体系,我们最多只能做一些基础性的工作,主要还是要靠教师在今后实践中的自主发展。

二、优化教师专业知识的基本途径

(一)善于学习

学习是教师更新知识结构的有效途径,是教师专业发展中的不竭动力。在终身学习理念的指导下,每位教师都必须养成时时、事事、处处学习的习惯。"只有学习精彩,生命才会精彩;只有学习成功,生命才会成功"。教师的学习对象既可以是人——专家、同事、学生等,也可以是书本——著作、报章杂志,还可以是自己的亲身经验——从自身的经验和教训中汲取营养。教师学习的内容,既可以是教师自己所从事的专业科学知识的拓展,也可以是对教育教学理论的深入探索,还可以是对各种文化科学知识的广泛涉猎。①

教育家苏霍姆林斯基说过:教师,要把读书当做第一精神需要,当做饥饿者的食物。要有读书的兴趣,要喜欢博览群书,要能在书本面前坐下来,深入地思考。一些优秀教师的教学技巧的提高,正是由于他们持之以恒地读书,不断地补充他们知识的结果。如果一个教师在他刚参加教育工作的头几年里所具备的知识,与他要教给学生的最低限度知识的比例为十比一,那么到他有了十五年至二十年教龄的时候,这个比例就变为三十比一、五十比一。这一切都归功于读书。

[链接]

南京师范大学附中特级语文教师吴非老师所著《不跪着教书》在华东师范大学出版社的"大夏书系"中颇受关注。作者之所以将书名定为"不跪着教书",是因为作者一直在思考。现在的教育、教育改革正需要一支思想解放的生力军。《不跪着教书》是作者发出的一声呐喊。

如何才能不跪着教书?那就是要善于思考。教师的身份有很多,但最起码,教师应该是一个思想者。教师如果没有思想,那么"学校便只能教出一群精神侏儒,只能培养驯服的思想奴隶"。对于当前中小学教师的现状,吴非老师表示了极度的担忧:许多教师没有任何"精神追求",就是在那里"混吃等死";一些老师,教学上属"贫困地区",喝起酒来却非常"刚猛";不少教师,工作二三十年连一篇文章都没有写过,竟还能说出各种各样的"理由"。在本书的封面上有这样一段文字:"想要学生成为站直了的人,教师就不能跪着教书。如果教师没有独立思考的精神,他的学生会是什么样的人?"目前,大多数学校还是面临着升学考试、评比检查等方方面面的压力,教师不得不压抑自己。没有动力,甚至没有时间来反思和思考。但是,如果教师没有独立思考的精神,不去独立思考,他教出来的学生会是什么样的人呢?独立思考谈不上是什么高素质,这是教师应该具备的基本素养。"我们中国不缺想做官的教师,缺的是爱读书的教师;不缺搞应试的教师,缺的是有思想的教师。"所以我们应当永远牢记:有了善于思考的教师,才能有善于思考的学生。②

[链接]

薛瑞萍,网名"看云",安徽省合肥市第62中学小学部语文教师、班主任。了解她是从网上看到她写了本书《心平气和的一年级》,很感兴趣,就搜集了她的资料,并购买了她的几本著述,从她的班级及她的书中了解到了这个不一般的人。

一、阅书无数

"说到教学,我有一个固执的想法:中学也好,小学也好,语文的事情哪有那么复杂?教师自己先爱读书读好书了,再让学生爱读书读好书;教师自己先把文章写好了,学生经过熏陶也能写得不错了;教师上课出口成章了,学生受了影响,也能意畅词达,甚至富有文采了。""学语文真的是可以无师自通。教师能做和该做的,乃是喜欢读书,是做到做好的第一前

① 余文森.教师专业发展[M].福州:福建教育出版社,2012:72.

② 赵国忠.教师最需要什么:中外教育家给教师最有价值的建议[M].南京:江苏人民出版社,2008:88.

提……"从她的论述中就可以知道她是个极其爱看书的人,嗜书如命,不可一日无书。她的阅读书目非常广泛,古今中外,《论语》《老子》《吉檀迦利》《沉默的大多数》《童年的秘密》《朗读手册》《苏菲的世界》……遍布文学、哲学、教育领域。因为她爱看书,提倡看书,她的学生们也爱看书,在课堂上,她和学生的讨论往往热闹犹如鸭塘,充满活力。

在课堂上,学生朗读后,她这样说:多么流利。这就是喜欢诵读《西游记》的成果……因为,关于这个猴子,我有一肚子的话要跟你们说![①]

[链接]

窦桂梅现在任清华大学附属小学副校长,特级教师,全国中小学整体改革专业委员会学术委员,国家九五重点课题语文教材编写组的编委及编写人员,1995年、1997年两次参加国家级别的教学比赛均获一等奖,多次获得全国模范教师、教育系统劳动模范、全国师德标兵、提名十大杰出教师等称号。

窦桂梅老师无论工作有多么忙,她都要挤出时间来学习。各类教育名著、文学名著占满了她家的书柜,教育杂志更不例外。虽然时间这么紧,虽然要读的书这么多,窦老师依然能从容应对。为什么? 因为她掌握了一套科学的读书方法,她不仅知道读书,更懂得"品"书。

窦老师曾说,世上的书籍,就算我们什么都不干,光读书也是读不完的,况且教师的工作性质又决定了没有更多的时间。所以教师不一定什么都读,关键是要有悟性,会"品"书。

读书不是追随,而是要有自己的参与;读书不是接受,而是要有自己的创建;读书不是仰视,而是要有自己的发现;读书不是揣测,而是要有自己的判断;读书不是遵从,而是要有自己的批判。不然,就会出现精神、情感、认知等方面,即人文素养的僵化、退化、惰化、伪化、通化、同化……导致最后成了五脚书橱。

窦老师还写文章指出:要通过读书,把专业知识转化为专业能力。读书不是让我们成为书籍的仓库,把脑袋变成了装书的袋子,而是书要为我所用,让"吃下去的食物"转化为营养,成为你工作中的生产力,这才是"品"书的最高境界和最终目的。

正是这种"品"书的读书方式激励着窦老师不断前行,给予她源源不断的动力。窦老师的成功经验告诉我们,"品"书才是读书的真正出路。[②]

(二)善于反思

如前面所述,教师在教学中所使用的知识主要是一种个人化的、实践性的知识,甚至有些是内隐的或者不完善的,为了使教师的知识进一步准确化、明晰化,并转化为可以传递和分享的显性知识,就必须提倡教师反思。反思是心灵对自己的活动及活动方式的关注和反省,是产生"内部经验"与知识的途径。黑格尔把反思看作是一种反复思考的过程,一种思想的自我运动,一种把握事物内在本质的方式。[③] 著名学者波斯纳(G. J. Posner)指出:"没有反思的经验是狭隘的经验,最多只能成为肤浅的知识。如果教师仅仅满足于获得经验而不

---

① 赵国忠.教师最需要什么:中外教育家给教师最有价值的建议[M].南京:江苏人民出版社,2008:22.
② 赵国忠.教师最需要什么:中外教育家给教师最有价值的建议[M].南京:江苏人民出版社,2008:4.
③ 阎团忠.体验·反思·思辨[J].北京大学学报,2000(5):65.

对经验进行深入的思考,那么他的教学水平的发展将大受限制,甚至会有所滑坡。"为此,波斯纳提出了一个教师成长公式:经验＋反思＝成长。该公式体现了教师成长的过程应该是一个总结经验、反思实践的过程。我国心理学家林崇德教授也提出:优秀教师＝教学过程＋反思。北师大的肖川教授也认为教师的自我反思是指教师对各种教育观念、言论、教育方法、教育活动、教育事实和教育现象进行的自主判别和认真审视,特别是对自己的教学实践进行检视和反省。

生活史叙述就是一种很好的反思方法。通过撰写生活史,教师可以进一步梳理"自己的观念或知识受到了哪些条件的限制""有哪些方面是不合理的"等问题,从而不断将所发生的生活史知识发展成为足以支配其日后思考及行为的知识,逐步建立比较完善的知识体系。生活史叙述决不是简单的日记,教师要对自己的教学行为进行反思和评价,并且得出相应的指导今后自己教学行为的结论或体会,这是生活史非常重要的两个组成部分。

鼓励教师自我开展"教育行动研究"也是一种很好的反思方式,教师自我开展教育行动研究就是教师为了发展自己的专业知识,提高教学水平,留心在教学实践中遇到的"问题",并在自己的教学过程中予以"追究"或汲取同伴的经验解决问题。其目的不在于让教师去验证某个教学理论或假设,而是让教师在反思中改进自己的教学实践,强调的是在行动研究过程中的自我反思及对教学实践行为的影响。

正如美国著名教育家西尔伯曼所说:反思自己的教学行为,总结教学的得失与成败,对整个教学过程进行回顾、分析和审视,才能形成自我反思的意识,提高教学的自我监控能力,不断丰富自我素养,提升自我发展能力,逐步完善教学艺术,以期实现教师的自我价值。

[链接]

李镇西,被誉为"中国的苏霍姆林斯基""当代陶行知",成都市"十大教坛明星""全国十杰教师"提名奖获得者,曾在四川乐山一中、成都玉林中学、成都石室中学担任语文教师兼班主任,现任职于成都盐道街中学外语学校,担任副校长和语文老师。他之所以能从一名普通的教师成长为优秀的班主任,关键在于他能经常静下心来"研究"自己。这些年李镇西受过的质疑不少,得到的表扬更多,但他仍然表现出了自己独有的清醒,这种清醒来源于李老师对自己的不断反思。

在做班主任初期,李镇西很急躁,很武断,不止一次不分青红皂白地批评学生,学生对他意见很大。这样的状况显然不利于教学活动的展开。李镇西开始"研究"自己,认识和解剖自己的缺点与不足。后来他发现自己缺乏宽容心,有时以老眼光看学生;自己不太注重仪表,穿着有时过于随便;处理班务有时太情绪化,缺乏冷静与理智。这些缺点毛病不是谁告诉他的,是他通过"研究"自己总结出来的。

针对自己的"研究"结果,李镇西制定了一系列有效的改革措施:他把自己交给学生监督,鼓励学生对教师说"不";努力改变自己的性格,戒掉暴躁的脾气;冷静处理所有事务,宽容对待自己的学生……

[链接]

北京海淀区师德标兵李丹路老师是北京阜城路中学初三年级的地理老师,多年的优秀班主任,做过校团委书记兼心理咨询员,平时总爱琢磨和改进自己的教育教学方式,与学生的关系非常好。这位受欢迎的年轻教师就养成了"研究"自己教育行为的习惯。

一天下午,李丹路通知学生放学后留一下。可等他开完会回到班上,发现大多数学生都走了,只剩少数学生在等他。"我当时非常生气,特想训他们一顿。可转念一想,如果我批评了留下来的同学,就等于鼓励了先走的。"

李丹路把剩下的学生带到操场的草坪上谈心。开始时,学生们不知道说什么好,李丹路就请他们谈谈事情的来龙去脉,"后来呢?""结果怎样?"李丹路不断地鼓励学生说,还让他们自己进行分析。"老师我可以说真话吗?说了真话,你不会对我有成见吧?""不会看不起我吧?"

"我发现,自己以前并没有给学生说话的权利。"李丹路说,"以前我和学生谈话,一贯态度和蔼,请他们坐下,但是大多数学生对谈话仍旧心有余悸。反思自己,我和学生谈话时那种审视的目光,好像要挖出学生身上所有的问题,谈话的全过程都是按我的思路和步骤进行。学生除了回答我的问题以外,几乎全在听我讲解、分析,只有受教育的份儿。这不是平等的谈话,而是上级对下级的训导!我忽视了学生自尊的需要。以前有的学生曾经试图与我争辩,都被我以严密的逻辑、合理的假设、深奥的理论以及环环相扣的分析各个击破,按他们的话说:'反正说什么都是我没理。'出于自我保护,学生开始封闭自我,顺从老师。我为此陶醉,而他们却失掉了真实的内心。"

通过对自己教育行为的反思、研究,李丹路着手把说话的权利还给学生。他与学生谈话有三步曲:第一步——打消戒心。提前预约,并请学生选择谈话地点;第二步——鼓励说话。他郑重承诺,"能听到你们的真心话,是你们对我的信任";第三步——控制自我。特别是在学生"暴露问题"的时候,告诫自己师生是平等的。问题和谬论的存在一定有它特定的背景、原因和道理。

李丹路的真诚换来了学生自尊意识的内化。现在每天都有学生愿意和他聊上几句。①

[阅读]

飞跃在反思中②

杨红兵,北京市语文特级教师,从事教育事业 25 年,现为北京教育学院石景山分院教研室副主任兼语文教研员。2003 年 4 月被评为北京市语文学科教学带头人,2004 年被评为石景山区优秀人才。所写论文《在作文教学中发展学生的个性》《架起语文与生活的桥梁》获全国论文评比一等奖,《生活的空间有多大,语文实践活动的空间就有多大》等多篇论文获北京市优秀论文评比一等奖。

世界著名的科学家牛顿曾说:"如果说我对世界有些微小贡献的话,那不是由于别的,却只是由于我辛勤耐久的思索所致。"正是由于不断地思索和反思,使她在教学改革之路上攻克了一个又一个难关,认识水平产生一次又一次的飞跃。

在反思中反省自我。杨老师在一线教学时,前后做公开课、研究课达几十节。虽然课前

---

① 赵国忠.教师最需要什么:中外教育家给教师最有价值的建议[M].南京:江苏人民出版社,2008:7.

② 朱训林.教你成为专家型教师[M].长春:东北师范大学出版社,2010:97.

备课几经深思,但课后总有或多或少的遗憾。课后反思成了她课堂教学的一个重要组成部分。不管时间多紧,她都及时记下不足并定出改进措施,因而她的专业能力和教学水平不断提升。她说:"思索就像一面镜子,使我不断认识自己。"

在反思中否定自我。课文"常教常新"是她教学的一贯主张,她曾带过六个毕业班,面对教过几遍的课文,她从不照搬照抄教案。备课之前总要想一想哪些方法要保留,哪些方法要改进,甚至不惜花大力气对原有的构想"做大手术"。教学方案一次次重新设计,又一次次被推翻。否定自我谈何容易,但是杨红兵老师知难而进,在精益求精的反思中,她的教学水平日益提高。从1988~1994年,她所参加的区级竞赛课均获一等奖。她说:"思索就像一座桥梁,引我通向成功的彼岸。"

在反思中超越自我。每研究一个课题,她都向自己提出更高的要求。首先思索选题的目标,做到"四要两不要",即要具有超前意识,要提出独到的见解,要有创新的思路,要服务于教学实际;不要好高骛远,不要重复他人。其次,思索课题实施的计划,努力达到"三性",即构思的逻辑性、观点的科学性及过程的完整性。虽然过程十分艰辛,但往往是成功必不可少的环节。

[讨论]针对当前的现状,以课堂教学为主,讨论课堂教学反思的内容和方式。

(三)与他人分享和交流

经验需要交流。一个经验,通过交流可以换回两个经验或更多经验。教师通过与同事交流可以获得更多的实在的间接教学经验,这些间接经验同样通过教师内化和吸收成为学科教学知识。尤其对于新入职教师,经过同事或老教师的一个轻轻点拨,可能会使你在某个教学问题上茅塞顿开。许多相关研究也指出,当新入职教师在教学过程中受挫时,最愿意也最常请教的对象是同校有经验的同事,其原因是因为学校同事与新入职教师身处类似情境,因此成为新入职教师仿效与请教的对象。单纯的自我反思,有时难以深入,不够周全,因而还需要交流反思。交流反思不仅是个体行为,还是群体之间反思火花的碰撞。"教师个体通过语言,将自己对某一问题的思考与解决过程展现给小组的其他成员,在充分交流、相互诘问的基础上,反观自己的意识与行为,可以加深对自己的了解,并了解不同的观念。"[①]

所谓"教师学习共同体"是指由教师自发组织,以提高自身专业素养和职业能力为根本宗旨,积极探寻各种自主学习形式,注意成员之间的社会确认与经验资源共享,实现互促共进的各种教师学习型组织。[②] 教师根据书本知识或者有限的专家的指导远远解决不了自己所需,反思也只能解决部分问题,况且也很难脱离个人的局限。因此,在教师同事之间,或者与校外专家以及其他有关人士之间建立相互切磋、对话交流的学习共同体就显得比较重要。通过分享成长经历、教学经验,探讨教学问题,分析差异达到观点的碰撞、融合,从而提高教师的智慧和教学应变能力,促进教师实践性知识的构建和丰富。

这种学习共同体可以是一群志趣相投的教师的自愿组合,可以是教师、研究者和相关人士组成的共同体,也可以是在现有教研组背景下的功能重组,以及相应的现代通信技术下的

---

① 吴卫东,骆伯巍.教师的反思能力结构及其培养研究[J].教育评论,2001(1):56.
② 姜美玲.教师实践性知识研究[D].上海:华东师范大学,2006.

网上论坛或其他的交流平台。学习共同体的成长依赖于参与者分享经验和进行真诚的教学对话。对话关系是教学作为自由实践的精髓。正如保罗·弗莱雷(P. Freire)所言:"没有了对话,就没有了交流;没有了交流,也就没有真正的教育。"①

[阅读]

理想课堂之"五四三二一"②

之所以倡导"理想课堂",是基于目前有太多"不理想课堂",所以,课堂需要持续改进,简称"课改"。自听北大附中广州分校雷丽霞校长说过"得课堂者得天下"之后,我便四处兜售这一"伟大"论断。

当下的教育病得不轻,必须改变。建国以来近十次课程改革无不是高高举起轻轻放下,难逃走回老路之厄运,究其原因即是着力点放在了课程而不是课堂。课程是一个伸缩性极强的概念,可根据各自需要给上下内外各色人等一个冠冕堂皇的理由,按兵不动而又轰轰烈烈。唯有将着力点聚焦于课堂之改变,我们的教育才会因之发生实质性的变化。所以,樊瑞说:"学生变才会课堂变,教师变才会学生变,观念变才会教师变。"

那么,如何才能让观念之变实现教师之变,进而实现学生之变课堂之变,最终实现教育之变呢?

我的办法是五四三二一。

五,"五高"追求:高参与、高协同、高自主、高愉悦、高效能。在我博文《课改,向更青处漫溯》中有具体阐释。

四,"四项权利":还给孩子安静地读书的权利,还给孩子专注地思考的权利,还给孩子完整地表达的权利,还给孩子紧张地操练的权利。在我博文《课堂必须还给孩子的四种权利》也有阐述。

三,"三种学法":独学、对学和群学。"安静地读书""专注地思考"和"紧张地操练"都属于独学,合作与协同必须建基于独立学习之上。无独学,对学和群学便无从谈起——无成本投入,都想"空手套白狼",谁跟你合作?对学是最有效的合作,三人以上的合作,效率和真实性都要大打折扣。群学是为"萝卜煮萝卜"之后添加的牛肉。一堂课,每一个问题的处理都应遵循"独学——说给自己听""对学——说给同伴听""群学——说给大家听"的先后顺序。"说",就是表达,就是展示。

二,"两个榜样":第一位是蔡林森。蔡林森校长在洋思中学创造了奇迹,64岁退下来,却退而不休,又在河南沁阳永威继续书写了"神话"。他可以每天五点钟起床开始工作,直到23点,而且是说了就干,要干就较真,从不说假话,说空话。与其说蔡林森校长是用"课改"挽救了沁阳永威,倒不如说是用"课改"挽救了无数个家庭。第二位是李炳亭。李炳亭先生追随雷振海总编打造一支"中国教育传媒铁军"。打铁先要自身硬,他首先是铁人,所以才能领衔打造铁军。说李炳亭是铁人,不仅是说他可以连续工作十六七个小时,更重要的是他有一股山东人固有的豪气与硬气,虽也有众多四平八稳的谦谦君子批评他的偏激,可他依然故

---

① 保罗·弗莱雷. 被压迫者教育学[M]. 顾建新,等译. 上海:华东师范大学出版社,2001:98.

② http://fryg.blog.163.com/blog/static/7068303201131085759936/

我，将"偏激"进行到底。李炳亭先生还有一个雅号，叫"教育疯子"，盖因其无论为人为文，无论聊天演讲，总是汪洋恣肆，酣畅淋漓，其语言之犀利，气势之磅礴，神情之狰狞，笑声之无忌，总让人往往联想起鲁迅笔下的"狂人"。我之所以向大家推荐这两位饱受争议（就连他俩也相互口诛笔伐久矣）的"课改达人"，实在是因为我太喜欢"真实"的缘故，阳春白雪自有其风韵，然在教育"病得不轻"的今天，更需要敢于直面问题而又敢于憧憬未来而且带些狂妄的"达人"。

一，"一个理论"：维果茨基的"最近发展区理论"，认为学生的发展有两种水平——一种是现有水平，即独立解决问题的水平；另一种是可能水平，也就是通过教学所获得的潜力，这两者之间的差异就是"最近发展区"。高明的教师总是针对学生的"最近发展区"教学，蹩脚的教师总是在学生的"最近发展区"之外下功夫。让学生学，无论是独学、对学还是群学，都是发现"最近发展区"，并根据"最近发展区"进行教学的过程——孩子们的"最近发展区"是有差异的，此孩子"不可能"，彼孩子却"可能"，所以并非只有教师"可能"，也就不需要非得以"讲"代"教"，进而以"讲"代"学"。

我们的"课改"即将结束"临帖"阶段，那我们如何很好的设计"脱帖"行动，便是一个很严肃的话题。今天说这五四三二一，给各位同仁一个基本思路，也就给了大家一个宏大的创新空间的同时有了一个方向。说到方向，又想起李炳亭先生的一个比方：只要目标明确，一直向西，就连猪和猴子都可修炼成佛。

[活动]阅读下列这位优秀教师的教育反思，思考并讨论反思对教师专业成长的意义何在？

这两天和王老师讨论了公开课设计的问题。她说她现在有两个班，普通班和实验班。教普通班学生时，觉得自己底气还足，但每次给实验班学生上课，就觉得没有什么底气，感到很紧张。

想到自己年轻的时候，尤其是刚从农村中学调入县中那一段时间，也是这样。给一帮所谓的"尖子"学生上课，看到他们求知的眼睛，间或还有点不信任的眼神，心里也是有点不踏实的感觉。没有办法，只能硬着头皮走上讲台，诚惶诚恐，生怕讲错了什么。

但头皮再硬也没有用啊，一定要有一些真功夫。给普通学生上课，把教材讲透就可以了。但给实验班学生上课，就需要有一些教材之外的东西了。

现在渐渐地摸出了门道。要想心中不慌，手里必须有粮。要想上课有底气，就必须认真备好每一堂课。

首先要吃深吃透每一个知识点。现在都养成习惯了，课本每一页，每一个旮旮旯旯，都要认真扫描到，否则就要被挂黑板。例如前天，学生一下课就冲到我面前，询问练习中的一个句子：

My parents have differing views on whether I should go to a boarding school.

为什么不用"different"，而用"differing"？还好在第一次备课时就关注到这个单词，而且还研究了一番。很多词典，包括《Longman》和《Oxford》，都没有将"differing"单列出来，但我还是搞清了这个词的用法，并且还知道了这个词只在名词前作定语，而不用作表语。这样给学生一讲，他们也比较满意。现在使用的这本牛津版新教材编写得很粗糙，练习中经常有一些超纲超本的生词出现，不得不防。

备课还要尽量挖掘课文，深层理解，不断地给学生补充生活常识和社会知识，扩大他们的知识面。这样上课我一讲起来就头头是道，他们听起来也如醉如痴，佩服得五体投地。要做到这一点，也是很艰难的。好在现在有了网络，可以随时上网查找资料。如昨天晚上就忙到半夜，不但晓得了课文中所谈到的"igloo"和"teepee"是什么样子，甚至还把 Haka 舞的基本动作了解了一下，否则上课真是一点底气也没有啊！

对于实验班学生来说，上课如果局限教材，肯定是不能让他们满意的。如今天课上的 task 主要谈道歉信的写作问题，如果就按照书上把一封信的几个部分干巴巴地读一读，是一点效果也没有的。这就要教师一定要准备一两份道歉信的实例给学生来点感性认识。为此，我就不得不花了好长时间到微软网站上将四十余个英文道歉信的模板研究一番，找出点共性的东西提供给学生参考。

一堂课，要混也很容易，但要想上好，却非常不容易，非要有点底气不可。

[**活动**]各组准备 20 分钟的教学设计，派代表进行现场模拟教学，并开展反思和交流。

第五章 教师专业精神

志于道，据于德，依于仁，游于艺。

——孔子

伟大的事业是根源于坚韧不断的工作，以全副的精神去从事，不避艰苦。

——罗索

有些职业是这样的高尚，以至一个人如果是为了金钱而从事这些职业的话，就不能不说他是不配这些职业的；军人所从事的，就是这样的职业；教师所从事的，就是这样的职业。

——卢梭

第一节 教师专业精神的涵义

一个国家要有他的民族精神，那是国魂；一支军队要有他的战斗精神，那是军魂；一个企业要有自己的精神，那是企业之魂；同样，一名教师也要有自己的职业精神，那是师魂。

什么是教师专业精神？从教师职业发展的轨迹来看，它经历了从"敬业"精神到"专业"精神的发展过程。我国教师专业精神的历史研究由来已久，"学高为师，身正为范"的古训，彰显高尚师德的重要性。《学记》提出"亲其师而安其学，乐其友而信其道"；孔子曰："其身正，不令而行，其身不正，虽令不从。"在我国古代，专业精神主要是指"敬业"精神。"敬业"一词较早出于《礼记·学记篇》："一年视离经辨志，三年视敬业乐群。"朱子曰："敬业者，专心致意以视其业也；乐群者，乐于取益以辅其仁也。"朱子在其语录中多处提到："主一便是敬，敬便是主一。"又说："主一便是敬业的解释，事无论大小都要集中料理，将思虑尽在这里用，有事时如此，没事时也如此。"由此可以看出，我国古代对教师专业精神的认识主要集中在敬业精神上，偏重于对工作保持专一务实的心向和态度，其涵义较为抽象。

随着教师职业成熟度的提高和专业性的加强，现代学者多以"专业"一词来代替"敬业"，其内涵实施范围也更为宽泛。"专业"一词包括对专业性质及现况的认识、专业兴趣与责任心的培养和提高、专业职能的研究等。可见，"专业"的内涵更为具体且广泛，许多学者从不同的角度对教师专业精神的构成进行了阐述，提出了自己的研究论点和研究成果：

表 5-1　教师专业精神的界定①

叶　澜	专业理想	专业态度	专业动机	专业满意度	
任健美	专业理想	专业情操	专业意志	专业个性	
范丹红	专业道德	专业态度	专业知识		
李瑾瑜	敬业乐业	勤学进取	开拓创新	无私奉献	负责参与
魏明英	敬业乐业	乐学勤思	创新精神	负责参与	
朱宁波	教学兴趣	庄重态度	崇高理想	待人热情	
刘　朋	奋斗精神	悦纳态度	开拓创新	平等合作	

在英文中与"专业精神"意义相近的有 Professionalism，Career，Morale 等词。Professionalism 指从事专门职业者的职业特性、职业作风、地位或方法，含有专业和专业精神的意义。Career 意为职业性的，即把长期从事的活动作为终身职业，是指一种生涯、经历、终身事业，也就是说，要长时间从事一项专门工作，而且顺利成功的涵义。Morale 一词含有"士气"之意，指高昂而和谐的工作精神，也含有一种道德、道义的意义。

综合以上关于教师专业精神的相关论述，教师专业精神的构成主要有两方面的体现：专业精神的内在结构和专业精神的外在表现。

第二节　教师专业精神的内在结构

教师的专业精神是教师职业的一种职业精神，是现代师德的主题和核心。教师专业精神的内在结构主要包括：专业理想、专业态度、专业性向。

一、教师的专业理想

教师的专业理想是教师对成为一个成熟的教育教学专业工作者的向往与追求，他为教师提供了奋斗的目标，是推动教师专业发展的巨大动力。具有专业理想的教师对教学工作会产生强烈的认同感和投入感，愿意终生献身教育事业。教师的理想信念是教师对教育职业的本质认同和职业发展理想的综合考量，是专业选择、认同并确认的有关职业发展的专业信念。一个教师是否具备一定的教育理想理念，是一个教师成长的基石。叶澜曾经说过："有没有对自己所从事的职业的理念，是专业人员与非专业人员的重要差别。"②教师专业发展过程中，教师专业理念的深度认识和探究是衡量一个教师真正实现专业发展的标尺。

叶澜教授认为："教师的专业理念主要指教师形成的关于教育事业的观念和理性信念，它是统帅教育职业活动的总的思想意向，是指导和影响教育教学工作的思想基础，引领教师

---

① 张凯歌.特级教师专业精神结构及特征研究[D].浙江:杭州师范大学,2009:6.

② 叶澜.新世纪教师专业素养初探[J].教育研究与实验,1998(1):41.

专业发展的方向。"①认为其能直接或间接地决定、指引或者调解教师的教育教学活动。童富勇教授认为："专业理念是教师在对教育工作本质理解上形成的关于教育的观念和理性信念。理想的教师，应该是胸怀理想，充满激情和诗意的教师。"②优秀教师，特别是名师的成长，源自于其良好、纯洁的出发点，职业兴趣是一个教师从事其职业的基本动力，对教师职业孜孜不倦的追寻和探索构成了其职业生涯的主线。

[阅读]

<h3 align="center">教师是理想主义者的职业③</h3>

业余爱写杂文、人文关怀强烈的吴非，在《致青年教师》中更多地表达的是自己对教育的理想，以及希望青年教师能在教育工作中，追寻理想，实现理想。在他看来，教师的工作职业对象是人，因此比其他职业有更多的憧憬。而教育是为明天的社会培养合格的人，所以教师必须要有理想。他尤其勉励自己的同行，语文教师向高一层次发展并获得成功的人多于其他学科。联想到他以前的一本书名《不跪着教书》，这本书若以其中的一篇《不放弃理想》命名，似乎也很贴切。

教师要实现理想，当然离不开专业努力。吴非老师在书中，没有讲太多的教学方法，但他说，要想方设法让学生喜欢自己的课。学生喜欢一位教师的课，不仅"会盼望你的课，把听你讲课当作一件快乐的事"，更会培养"良好的受益终生的学习习惯"。在笔者看来，吴非提出的"说学生听得懂的话"，批改作业可以不用同一标准以激励学生，等等，都是为了让学生更喜欢自己的课，让教师有更多领略职业乐趣、实现人生理想的机会。

但吴非老师在书中强调得更多的是教师对学生人格、素质的培育。他说的不是专门的德育，而是在日常教学，甚至生活中的教育行为。比如，教师在仪态方面要当学生的典范。不要在无意间放纵学生，以免他们养成一些不良习惯。教师要在孩子的心灵上"放上一粒善良的种子"……吴非先生受到众多师生的敬重，还有生病的学生在临终前，表示病好了回学校一定要去听他的选修课，无疑都与他的人格魅力、理想情怀分不开。

当一名有理想的教师，难不难？吴非老师给我们的答案，是令人心情沉重的。他在书的自序中说，现在教育界最重要的任务，可能是"捍卫常识"。因为时下是一个"教育路线被歪曲了的功利时代"，很多同行选择了"跪倒在馒头前"，为名和利挤破头。很显然，那些都不想去"捍卫常识"的教师，是很难指望他们去"仰望星空"的。也正因为此，吴非老师才在书中大声疾呼：不是理想主义者不要来当教师。在中学讲台站了三十年，"堆积的教训可能比经验更多"的吴非老师，对青年教师既有热情的鼓励，也有无情的批评。在笔者看来，这正是他理想主义的体现。他自己也说，是理想让自己活着，"即使什么都看透了，也不放弃理想"。不过笔者在对他表示高度钦佩的同时，也想说一句，"不放弃理想"对今天不少有理想的青年教师，或许本身就是一个难以实现的理想。比如吴非老师说教育是"慢的艺术"，要青年教师

① 叶澜.教师角色与教师发展新探[M].北京：教育科学出版社，2001：230.
② 童富勇，程其云.中小学名师专业成长的影响因素分析——基于浙江省221位名师的调查[J].教育发展研究，2010(2)：43.
③ 李清.教师是理想主义者的职业[N].中华读书报，2010-08-11.

"不要急",可在房价那么贵,教师实行聘用制,学校考核又异常严格的今天,有多少校长会给青年教师慢慢发展专业、追求高远理想的机会呢?

二、教师的专业态度

教师的专业态度是教师在为实现教育理想的基础上所产生的心理品质,有强烈的实施动机,进而转化为教师行为的一种外在表现形式。专业态度是教师对自身职业所持有的一种比较稳定的心理状态,以教学活动中的倾向性为支撑点。教师的专业素质概括成三个方面,即教师的专业知识、教师的专业教育教学技能以及教师的专业态度。其中教师的专业态度可以说是教师根据其角色要求对教育教学的基本心理倾向、情绪体验,以及在此基础上形成的自我意识与价值体系。教师专业化也应该要求专业教师具备以下素质:有扎实的专业知识、丰富的文化知识;有丰厚的教育学理论素养;有职业理想和追求;热爱教育事业,有较高的道德素养,并且能够把进入更高的境界作为自己修身的自觉追求;经过专门的专业训练,而且有终生学习的迫切愿望和实际行动。良好的专业态度体现在教师质朴、公道的品质,教师职业要求教师不能放弃任何一个个体,不能放弃任何一个学生,这就对教师提出了很高的要求,要一视同仁地对待每一个学生,公正地对待每个学生,把自己的精力贡献到每个学生,同时在职业中注重开拓创新的应用,不断提高自我修养。

[阅读]

秉持教师的专业态度①

每天在学校忙碌如陀螺,却很不知天高地厚地一直要求自己做"优雅的陀螺"——再忙碌,也要优雅地忙碌。于是将《今天怎样"管"学生》一书塞在包里,每天带进带出。至少,在每次开启笔记本电脑,等待它缓慢启动的间隙,也可以读上三五页。

我是个对"爱"字极其吝啬的家伙。工作16年来,我没有说过"热爱学生"这样的话,我说不出口。热爱,那是多么高的境界!我不觉得自己已经达到了那样的境界,而且我不认为"不说爱学生"的老师就是不称职的老师。我没有想到在这本书里找到了"知音",这让我欣喜无比。是的,有一种态度,或许是比起"无私奉献""爱生如子"更具有现实意义的师德,那就是教师在面对学生时心中有一个清晰、明确且坚定的专业态度。

何为教师的专业态度?心平气和、心态积极,尊重学生、理解学生、始终把学生的成长放在第一位,不气急败坏、不训斥学生,时时刻刻以一个帮助者的身份面对每一个学生,帮助学生学习,帮助学生成长。

如果教师有这样一个明确的专业态度,或许,将不会再恶狠狠地训斥那些调皮捣蛋的学生;或许,将不会再对那些没有听懂的学生不耐烦;或许,将不会再当着很多学生的面去跟顶嘴的学生较真;或许,将不会让犯了错或成绩差的学生的家长难堪……

教师工作,首先它只是一份职业,不过有着相当高的专业性要求。因为它的专业性,我愿意凭借自己的专业态度、专业知识、专业技能去赢得学生与家长的尊重。我认为,这远比苍白无力的"爱"更可信些、更真实些。

---

① 沈丽新.秉持教师的专业态度[N].教育时报,2009-08-05.

三、教师的专业性向

教师的专业性向是指教师成功从事教学工作所具有的人格特征,或者说是教学工作的个性倾向。教师专业性向是适合教育工作的人格特征和成功从事教育工作的基本能力,包括心灵的敏感性、爱的品质、交流沟通的意愿、对教育工作的兴趣等人格特质和语言表达能力、交流沟通能力、逻辑思维能力等基本能力在内的职业品质。专业性向可从一个方面反映教师的专业倾向,不同个性的教师课堂行为和与学生的交流方式是不同的,有热情奔放型、循规蹈矩型和清高孤傲型等等,这些教学方式对学生的影响不同,更多体现的是教师个性特征下的一种独特的精神状态。教师拥有特别的气质,高雅、睿智和亲和力等,这是吸引学生亲近教师的一种重要的人格魅力。

[阅读]

"教师幸福":对精神的追求必然通向幸福①

有追求就有动力。有了精神追求,教师就会不断推动自己学习、探索、创造,不断地向自己的智慧、人格、能力发出挑战。每一天都是全新的,自己的生命和才智能在此过程中获得发展。如何才能带人到有光的地方?这是个源远流长又被赋予时代内涵的命题。"师者,人之模范也"。霍懋征说,有什么样素质的教师就有什么样素质的学生。无论时代如何变迁,教师的工作从来都是用心去做。一辈子做教师,一辈子学做教师,不断提升学识素养,完善道德修养,用自己的言行去潜移默化地影响人,不断唤醒、激活存在于每个人心中的智慧、勇气、自信心,如此才能把人引到有光的地方。崇高的精神追求,无论是对社会、对学生,还是对教师都具有极其重要的价值。教师有了精神追求,并矢志不渝地坚持,就找到了连接社会价值和个体价值的桥梁,找到了外在价值和内在价值融合的幸福体验。不难想象,当一个调皮的孩子因你而成为国之栋梁,当一所学校因你而声名鹊起,当一个小村庄因你而走出封闭,当一个濒临灭绝的文化形式因你而得以传承,你会有多大的成就感和幸福感!这种成就感和幸福感源自教师所创造的社会价值,却成就了教师的个人价值。

说到底,教师幸福是一种内心的体验和感受,但只有教师将"人的培育"作为一种精神追求,才能真正感受到幸福。

孟子说,"得天下英才尽育之"是"人生三乐"之一。得高徒、育英才无疑很快乐,但如果能将普通学生、问题学生、有缺陷的学生培育成对社会有用的人,这该有多幸福?全国优秀教师、四川树德中学冯蓉老师曾讲:"当教师很苦很累,我也经常被调皮的学生气晕,但我看到他们一个个长大成人,变得越来越懂事,我很高兴。当他们来看我时,我觉得我很幸福,所以,下辈子我还是选择当教师。"

教师是一个使教育者和受教育者都变得更完善和更幸福的职业。在成就学生的过程中成就自己,在追求卓越的过程中实现自我,教师的幸福,就在不懈的追求中。

正如古希腊哲学家所言,对精神的追求,必然通向幸福。

① 钟曜平.教师的幸福在哪里[N].中国教育报,2013-09-09.

第三节 教师专业精神的外在表现

　　教师专业精神是教师在从事教育教学这一专业工作时所需要的特定的思想信念与道德品质,是教师对专业信念的坚持和对专业伦理近似于理想主义的追求,是指导教师从事本专业工作的精神动力。它外在表现为教师的事业心、责任心与爱心,具体体现在教师的敬业精神、服务精神与自律精神等方面,它具有服务性、专门性、长期性、创新性、自律性等特质。①这既是从事专门职业人员的必备条件,也是衡量一种专业成熟与否的重要标准。一个具有高度事业心、责任心与爱心的教师,就会投入百倍激情,唤起学生的快乐。一位好教师应该是有激情的教师,因为激情能使人全身心地投入工作,为自己所从事的工作而陶醉。教师在教学中要投入激情,以感染、带动学生,使学生神经兴奋、感情丰富、思维敏捷,使师生间的信息交流产生共鸣。因此,教师专业精神是一种朝气与活力、激情与追求、催化与动力,它促使教师专业的发展和教师精神文化的构建。

一、敬业精神

　　敬业精神是人们基于对一件事情、一种职业的热爱而产生的一种全身心投入的精神,是社会对人们工作态度的一种道德要求。它的核心是无私奉献。低层次的即功利目的的敬业,由外在压力产生;高层次的即发自内心的敬业,把职业当作事业来对待。敬业精神是一种基于热爱基础上的对工作对事业全身心忘我投入的精神境界,其本质就是奉献的精神。具体地说,敬业精神就是在职业活动领域,树立主人翁责任感、事业心,追求崇高的职业理想;培养认真踏实、恪尽职守、精益求精的工作态度;力求干一行爱一行专一行,努力成为本行业的行家里手;摆脱单纯追求个人和小集团利益的狭隘眼界,具有积极向上的劳动态度和艰苦奋斗精神;保持高昂的工作热情和务实苦干精神,把对社会的奉献和付出看作无上光荣;自觉抵制腐朽思想的侵蚀,以正确的人生观和价值观指导和调控职业行为。

　　"敬业"是教师对自己所从事的专业工作发自内心的热爱和崇敬。任何一个教师,应当对教师专业有清晰而独特的了解和认识,怀有强烈的尊严感,方能建立起坚定的专业信念,也才能对社会的各种评价做出正确的、理性的判断。"敬业"还需"乐业"。"乐业"就是教师对自己的专业工作表现得兴趣盎然、心甘情愿。一个人一旦投入教师专业,就需不为物欲左右,不为名利所动,做到淡泊明志,宁静有为,由敬业、乐业而获得人生之乐。②有研究者将教师职业价值取向划分为三个维度:谋生取向、职业取向、事业取向。③

　　当下,教师敬业与乐业情况如何?教师精神状态与生活态度怎样?教师愿意从事这一职业吗?从事这一职业幸福吗?一项调查研究表明,教师们对敬业精神值得称道,但乐业就

① 朱宁波.论教师的专业精神[J].教育科学,1999(3):53.
② 李瑾瑜.专业精神——教师的必备素质[J].中小学管理,1997(4):13.
③ 赵敏,何云霞.从谋生、职业到事业:教师发展与培养的制度策略[J].课程教材教法,2010(7):93.

谈不上，按照教师们的话说就是"怎么也乐不起来啊"。也难怪一位教师在博客中这样写道：

"'人，诗意地栖居在大地上'。这听起来简直是一种奢侈。每天看到学校那个美国外教踩着单车上班，我都会想，到底是什么让我们远离了诗意？难道真是工作耗尽了我们的耐心，让我们只剩下了'活着'？教师的心灵是我们很少去讨论的一个话题，比起'教什么？''如何做？''为什么？'这类问题，似乎显得空泛而遥远，缺乏操作性。把教师作为一个职业之后，有些人的心灵便开始与学科分离，与学生分离，与同事分离。繁杂的事务和怎么也教不会的学生，让我们对教学越来越感到恐惧，甚至厌倦。教师的'职业倦怠'绝不单纯是一个'师德'问题，而是对自己整个生活的倦怠。许多人抱怨，似乎自己的所有耐心和热情都被工作耗尽了，年复一年，日复一日的单调，让生活也蒙上了一层怎么也冲刷不掉的尘土。人们只有到外部寻找慰藉，这反映在教学中是寻求技术层面上的支持，使我们确信技术、方法才是富有真实触感的解决路径。然而，即使是一个老教师，他积累了一大堆实在的方法、模式，也经常在进入教室以后，所有的方法、模式在瞬间逃逸了。于是我们巴望着周末早日到来，似乎宁愿失去自己眼前的时间，虽然这也是生命中的一部分，甚至是最多、最重要的部分。我们学会了自我保护，在内心真实和外部表现之间建立了一堵墙。虽然扮演着教师的角色，但却不知不觉脱离了学科，脱离了学生，甚至自己的话语也脱离了自己的心灵，脱离了自己当初对教师的崇敬和对内心的承诺。多少人的工作只满足于'过得去'，只是避免犯规和犯错。这是多么可怕的一种景象啊！更为可怕的是，我们已经对此习以为常了。"

敬业作为中国传统道德规范之一，是教师必须具有的优良品质，在教育工作中要"敬事而信"和"敬业乐群"。对于一个教师而言，要敬重教育事业，就要潜心研究业务，不浮躁，耐得住寂寞。凡有成就的教师，都是从教育职业劳动中领略到无穷趣味的敬业者。教师敬业的核心是尊重职业、精通职业、献身职业。

(1)尊重职业。尊重自己所从事的教育事业是教师敬业精神的首要标准，是一个教师必备的、最基本的心态。热爱和尊重是职业成功的前提，只有对自己的职业有积极的态度，对自己从事的职业充满敬重的情感，才能维护它和成就它，才能引起喜悦和快乐等肯定性的体验，在职业活动中做出积极的贡献。一个教师确立和培养崇高的职业理想和事业心，真正的尊重职业，必须具有不能放弃的使命感和责任感，把自己从事的教师职业看成无比神圣的。这种敬重职业的事业心，包含着决心成就事业的高尚情感、忘我品格、实干作风和奉献精神。

(2)精通职业。每个教师都追求美好的人生和事业，都希望自己的职业活动有价值、有意义，为社会做出自己的贡献，实现人生价值。而要对社会、对人民做出较大的贡献，就必须发奋成为业务上的行家里手，驾驭、精通自己所从事的专业。要在工作岗位上有所发现、有所发明、有所创造、有所前进，以自己力所能及、游刃有余的岗位工作能力和水平，成就自己从事的职业，立足本职工作岗位，实现人生价值，对社会对人民做出自己应有的贡献。要成为自己业务领域的专家，就要对自己专业领域的知识、技能刻苦钻研，精益求精，不断提高业务水平和教育教学能力，成为优秀的教育工作者。

[链接]

各行各业的敬业者

卖油翁倒油:乃取一葫芦置于地,以钱覆其口,徐以杓酌油沥之,自钱孔入,而钱不湿。

王叔远微雕:能以径寸之木为宫室器皿人物,以至鸟兽木石,罔不因势象形,各具情态。

柳敬亭说书:说至筋节处,叱咤叫喊,汹汹崩屋。武松到酒店沽酒,店内无人,暑地一吼,店中空缸空甓,皆瓮瓮有声。

郭橐驼种树:凡长安豪富人为观游及卖果者,皆争迎取养,视驼所种树,或移徙,无不活,且硕茂、早实以蕃。他植者虽窥伺效慕,莫能如也。

更嬴射雁:雁从东方来,更嬴以虚发而下之。

(3)献身职业。对于一个教师来说,以忘我精神献身于崇高的职业,这是一个教师的最大幸福。教师的职业意识和责任在职业劳动中的反映,就是个人把献身职业和做出成就看成是自己的职责、使命和责任,把它看成非这样做不可的需要和义务。教师在职业生活中,经常感受到这种责任的存在,并在履行这种责任、使命的同时,不断形成和发展内在的责任感、使命感并以此献身于职业。全身心的投入职业劳动和创造,才可能是幸福、愉快和有成就的。

当一个人选择了警察职业,就是选择危难、选择艰辛、选择奉献与坚守,就是选择了为人民服务的使命;当一个人选择了医生职业,就是选择了忠于职业、尽职尽责、救死扶伤,就是选择了做人民的健康卫士。爱岗敬业是最基本的职业道德要求,当官不为民做主,不如回家卖红薯,说的亦是如此。同样,当一个人选择了国家机关工作者的岗位,就要遵纪守法、为民服务。无论在任何时候,都要尊重自己的岗位职责,对自己岗位勤奋有加。

[阅读]

那一课叫敬业①

所有的考试都结束了,校园里开始弥漫浓浓的离别气息。再有十几天,同学们就要挥手作别大学了。

这一天,辅导员通知同学们——《训诂学》老教授要在周六给选修这门课的同学,补一次因他生病住院拉下的课。同学们立刻意见纷纷——都什么时候了,大家考试都及格了,谁还有心情去补课? 再说了,那选修课少上一次又有什么大不了的……

周六,选修《训诂学》的三十多名学生中,只有三位女生去了教室。其实,她们也并非是有意去给老教授捧场的,她们忘了补课的事,原本打算到安静的教室里聊聊天的。老教授准时走进教室,看到只有三个没带教材的女学生,他猛地一愣,俯身问明原因后,他微笑着环视了一下空荡荡的教室,清清嗓子,响亮地喊了一声"上课!"仿佛面前像往常一样坐着三十多个学生,老教授跟平时一样自然而然地讲述着一个个精心准备的教学内容。他讲得非常投入,甚至有些忘情。不一会儿,他的额头上开始有汗珠滑落。三个开始还有些心不在焉的女

---

① 崔修建.爱是天堂[M].长沙:湖南文艺出版社,2003:5.

生,先是惊讶老教授依然工整的板书、热情的手势和对每一个细节的耐心讲解,继而,被他的那份从容和认真深深感动了,她们不约而同地坐直了身子,认真地聆听起来。课间休息时,三位女同学请求面色有些苍白的老教授赶紧回去休息。老教授擦着满脸的汗水连连摇头,说他还能坚持住。直到下课铃声响起,他才如释重负地收拾好讲义,慢慢走出教室。

十年后,那三个在学校读书时表现平平的女生,很快都脱颖而出,在事业上卓有成绩,成为那届毕业生中的佼佼者。同学聚会时,面对大家羡慕和赞叹的目光,她们一致深情地回忆起在大学里补上的那一次课。虽然她们已记不清老教授所讲的内容,但老教授抱病面对三个学生时那份平静、那份声情并茂的投入,却深深地铭刻在了她们的脑海里。正是那一次课,让她们明白了"什么叫做敬业""什么叫做认真"等等那些曾无数次空泛地谈论过的大道理,并由此深深地影响了她们对事业及人生的态度和方式。

是的,那刻骨铭心的一课就叫——敬业。只是在多年以后,许多同学才在懊悔和遗憾之余,将其间接地补上。

[活动]观看视频《最美乡村教师杜爱虎》,结合短片中的人物形象,思考当代教师奉献精神与传统教师奉献精神有什么不同?

二、人文精神

人文精神是一个充满歧义的词汇,古今中外的思想家和学者们对它有着不同的定义。尽管定义千差万别,但其核心部分是一致的,即都强调以人为本。也就是说,要把人放在最重要的位置上,要尊重人的价值。人文精神是一种普遍的人类自我关怀,表现为对人的尊严、价值、命运的维护、追求和关切,对人类遗留下来的各种精神文化现象的高度珍视,对一种全面发展的理想人格的肯定和塑造。具体一点说,以人为本即关注和尊重人之所以为人;承认每个人都有其独特的生命价值和尊严,都有权利追求自由和民主;强调人与人之间真诚友爱、人格平等、相互合作和彼此尊重;坚持一切为了人的发展。

[阅读]

人文精神是教育的灵魂[①]

在经济全球化时代,我们常能听到"人文精神缺失"的叹息与无奈。所谓人文精神,在我看来,是指人类共同信奉的那些真理性的精神。比如我们常说的科学精神、体育精神、民主精神、爱国精神、社会公平与平等的精神、人道主义精神等等,这些精神确保人能自由、幸福且有尊严地活着,有利于人的幸福与社会的进步和文明,其重要性不言而喻。

如今,人文精神的固有准则,特别是传统的价值观正遭遇到颠覆性的冲击,诸多迷惘和困惑摆在社会和个人面前。面对物欲横行与享乐盛行,我们却手无寸铁,无能为力——重建我们的人文精神迫在眉睫。重建不是推倒重建,而是面对当代社会现实的重新构建,做到有所坚持,有所担当。

———————————
① 冯骥才.人文精神是教育的灵魂[J].民主,2008(1):6.

要重建,根底在教育。或者说,人文精神就是教育的灵魂。教育,不只是知识教育,更重要的是精神教育。

从小学、中学直到大学,一个人所要完成的不只是知识性的系统的学业,更重要的是拥有健全且有益于社会的必备的素质——这个素质的核心是精神,即人文精神。具体到个人,它表现在追求、信念、道德、气质和修养等各个方面。

没有人文精神的教育,是残缺的、无灵魂的教育。任何知识如果只有专业目标,没有人类高尚的追求目标和文明准则,非但不能造福社会,往往还会助纣为虐,化为灾难。反过来,自觉而良好的人文精神的教育,则可以促使一个人心清目远、富于责任、心灵充实、情感丰富而健康。

当今中国的大学正在尝试采用多样化的方式进行人文教育,如开设人文讲堂、建立各种艺术组织与文化中心、开展校内外济困扶危的公益活动、招募志愿者参与社会实践等等,旨在扩大学生的精神视野、关切社会难点、加强心灵修养与审美素养,同时深化校园里崇尚精神的人文氛围。尤其是理工科大学已经渐渐看到人文精神教育的重要性。这都是十分积极的现象。

人文精神是人类创造的另一个太阳——照亮自己和照亮未来。我们需要通过教育,让人文精神的光辉继续照耀我们前进。

一个具有人文精神的教师,其行为特征应体现为以下几个方面[①]:

第一,给学生以充分的自由。自由与学生的主体性密切相关。给予自由,意味着学生主体性的解放;没有自由,学生就不会成为真正的学习和自我教育的主体。正如马克思所说,人类是惟一懂得自由、追求自由并创造自由的物种。自由的尺度标志着人在何种意义、何种程度上成为人自身。没有自由的生活实质上并不是真正人的生活,自由的被剥夺也就意味着人的本质的丧失。试想一下,当学生时时处处都处于被支配、被控制的地位时,还会有何积极性、主动性和创造性可言?时常可见的学生厌学、逃学甚至自杀,在某种程度上不正是对缺乏自由的学校非人生活的一种抗议吗?剥夺学生的自由,不仅会导致他们人的本质的丧失,而且还会使他们的才艺被窒息在摇篮之中。当然,强调自由并不是让学生恣意妄为,并不意味着不要纪律。事实上,绝对的自由是不存在的,也是有害的。自由是在一定条件下、一定范围内的自由。给学生以自由并不排斥对他们加强纪律,但是,我们不能因为强调纪律而剥夺他们的自由权利。正确的选择应该是,在纪律允许的范围之内给学生以充分的自由。

第二,给学生以充分的民主。主体是人。如果承认学生是学习和自我教育的主体,如果想充分发挥学生的主体性,就必须以对待人的方式对待学生,给学生以充分的民主。也许是深受"师道尊严"的文化传统的影响,我国不少教师的民主观念至今仍然较为淡漠。对人文精神极为推崇的存在主义教育家认为,已有的教育把个人太简单化、太客观化了,实施的是一种"太严肃"的教育。这种严肃驱除了个人的欲望与要求,只强调个人的服从,不给人以民主的权利。这种教育实际上只是把人当作物而不是当成人。客观地说,存在主义教育家的批评,对于我国的某些教师来说,在很大程度上也是适用的。在我国不少教师的教育活动

---

① 庞学光.略论教师的科学精神与人文精神[J].天津市教科院学报,2012(1):61—62.

中,学生不能发表不同的意见,即使给教师提出一些合理化的建议,也常常被视为对教师的不尊不敬,是对教师主导地位的动摇。在这样的师生关系中,学生的主动性、进取心和创造精神自然会受到压抑。这不仅会直接导致教育活动的效率低下,而且还会导致学生独立人格的丧失。由此观之,帮助广大教师树立教育民主观念,至今仍是一个兼具理论性与实践性的紧迫课题。

第三,真诚地爱护、平等地对待学生。追求平等是人之所以为人的本性。在一个集体中,其成员受到不平等的待遇时,其自尊心和积极性必然会受到伤害。相反,平等地对待每一个人,则会对每个成员的奋发向上产生极大的激发力。在教育实践活动中,诸多教师之所以能够建立起和谐的师生关系,充分调动每一个学生的积极性,一个很重要的原因,就是他们能满足每一个学生追求平等的内在需要。记得有位教育家说过:哪里有爱,哪里便没有黑暗,哪里便有适宜于人的生活。每个学生都希望、也有权利得到教师的爱。① 然而,在现实的教育生活中,并不是每一个学生都能得到教师的爱。在精英论教育观的影响下,不少教师仅仅把爱的阳光播洒给那些学习成绩优秀的学生。也有的教师由于自身素质的限制,往往只是把爱给予那些相貌俊秀、家庭社会地位优越的学生。而那些学习成绩差、长相不出众、家庭社会地位较低的学生则很少得到教师的爱的温暖。这种"病态的爱",无疑是对学生的学习热情和进取动力的严酷破坏。真正的教育是一种面向每一个学生的平等、博大的爱,它不以学生学习成绩的优劣、相貌的美丑和家庭背景的状况为转移,而是体现着尊重学生的生命价值和独立人格的人文情怀。詹姆斯·多布逊曾说过一句能代表众多人文学者心声的话:"每个孩子既然来到这个世界上,那么他们就都是有价值的,他们都有人的尊严,都应得到人们的尊重。"②一个理想的教师应该是一个人文主义思想的实践者,他尊重每一个学生,给每一个学生以自尊。他心里明白,每个学生都是有意愿、有心理需要、有个性的人。因此,面向全体学生因材施教是教师的天职。他也明白,受称赞是每个学生不可被剥夺的人格权,而且自我价值获得肯定,学生才会有积极性和创造性,其人格才会欣欣向荣地发展。因此,在教育活动中,他极为重视培养学生的成就感,对于学生的一点点的进步和成功,他都给予及时的赞扬和鼓励,让学生在学习、生活和娱乐中不断获得满足,获得自信,获得进取心,使他们能够经常地、自愿地拨动心灵的琴弦,弹奏出激荡整个心灵的优美的旋律。

第四,以"是未必所是"的原则评价和对待学生。由于教师面对的学生是具有主观性和个体差异性的人,因此,就实现培养全面发展的人这一目标而言,对于学生的学习成绩、行为表现及成长过程中出现的问题,如果教师采取纯粹客观的评价方法和解决办法,往往是没有价值的。教师对学生的认识与评价,应该遵循"是未必所是"的原则,即既可以实事求是,也可以"是非所是"。"是未必所是"所体现的就是人文精神。例如,在日常的非选拔性考试时,如果学生考试成绩该得 59 分教师就给 59 分,这是坚持科学精神;如果学生的考试成绩该得59 分,而该生又是一个性格内向、学习刻苦的学生,59 分会给他以打击,60 分则会使他获得心理上的满足并产生进取的动力,那么,教师就完全可以给他打上 60 分。这种行为所体现的就是教师的人文精神。总之,一个具有人文精神的教师,他的一切行为和举措都应该指向

---

① 约翰·密尔,许宝.论自由[M].北京:商务印书馆,1959:69.
② 詹姆斯·多布逊.你能给孩子的最宝贵的礼物是自尊[J].[出版地不详]:[出版者不详],1986(4):57.

学生的进步,为了促进学生的全面发展。

三、科学精神

科学精神是人们在长期的科学实践活动中形成的共同信念、价值标准和行为规范的总称。科学精神就是指由科学性质所决定并贯穿于科学活动之中的基本的精神状态和思维方式,是体现在科学知识中的思想或理念。它一方面约束科学家的行为,是科学家在科学领域内取得成功的保证;另一方面,又逐渐地渗入大众的意识深层。

在现实生活中,科学教育不仅学生家长不热衷,而且学校和社会也没有给予高度重视。科学教育热不起来的因素有很多,主观原因在于对科学教育认识不到位,客观原因在于学校设施和师资所限。传统的家庭教育更多放在塑造孩子的身体和养成教育方面,理所当然地认为科学教育是学校教育的份内之事。而学校由于承担了学生德育、智育、体育、安全等多重任务,加上受场地、设备和应试等因素影响,很难实施全面而系统的科学教育。

科学教育效果不佳的另一个客观因素是师资队伍。一方面,新一轮课程改革实施以后,科学课逐渐转向培养学生的动手能力和探究意识,这就要求教师具有全科的知识背景和较高的教学技能。而当前的师范教育尚未很好地与新课改接轨,科学课老师往往经过阶段性培训后即上岗,但学科积累和教学经验不能立竿见影。

实际上,和德育一样,科学教育绝不是科学课老师一个人的事情,每个学科的老师都有责任与义务,都应该在教学行为中渗透。例如小学语文有一篇《长城赞》,语文老师可以围绕长城的构造、建筑材料、修建年代及背景等予以全面的介绍,而不是简单分析这篇课文的词、句、段落大意、中心思想等。1996 年,法国在中小学开始推广"动手做科学教育计划"。该计划实现了课堂教学与科学教育活动的有机结合,而且号召学生家长和学校所在街区参与到课堂教学与实验活动中,学生从中真正得到了科学思维的训练。

就教师的职责而言,教师担负着科学研究、发现真理、社会关怀和教书育人的职责。一方面,教师作为一般知识分子担负着科学研究、发现真理和社会关怀的职责。正如费希特所说:"学者担负着这样一个职责:优先地、充分地发展他本身的社会才能、敏感性和传授技能……他应当熟悉他自己的学科中那些在他之先已经有的知识……他应当不断研究新的东西……学者现在应当把自己为社会而获得的知识,真正用于造福社会。"[①]教师能否自觉地、坚定地履行作为一般知识分子所肩负的科学研究、发现真理和社会关怀的职责,关键在于是否具备崇尚真理、追求真理的科学精神和社会关怀情感。因为只有具有崇尚真理、追求真理的科学精神和社会关怀情感的教师才具有科学研究和社会关怀的自觉性、坚定性,也才会拥有科学研究和社会关怀的不竭动力。另一方面,教师要能胜任和履行好教书的责任就必须不断进行科学研究,不断更新自己的知识,紧跟学术前沿和教育改革前沿。因此,教师具有崇尚真理、追求真理的科学精神应是必然要求。同时,教师还担负着育人的责任,也就是说,教师的责任不仅仅是对学生进行学科知识的传授和技能的训练,更重要的是引导学生求真、求善、求美并促使其养成求真、求善、求美的人格精神。要有效培养学生求真、求善、求美的人

---

① 费希特.论学者的使命,人的使命[M].梁志学,沈真,译.北京:商务印书馆,1984.

格精神,教师必须首先具有求真、求善、求美的人格精神。因为教师的职业对象是具有主体意识的人(学生),教师是作为一个整体的人(包括教师的知识、理想信念、人格品质、精神境界等),在与学生的交往中影响学生的发展。可见,从根源上决定教师能否有效履行科学研究、社会关怀和教书育人职责的是教师的人文精神与科学精神。正如杨建朝所说:"教育者自身的品质缺失,教育者没有精神和理想,非常可能造就时代的被抽空了精神的'群氓'。"①一个具有科学精神的教师,其行为特征应体现为:

第一,无私无畏、坚定不移的求真精神。科学对事物的把握力求精确无误,使理论能够正确地反映事物,从而获得真理。追求真理是科学的一个重要目标。科学真理的获得并不是一件轻而易举的事,马克思说过,在科学上是没有平坦的大道可走的,只有不畏艰辛、敢于攀登高峰的人,才有希望达到光辉的顶点。因此,科学真理的获得需要科学活动主体对科学理性的真诚信仰,需要踏实认真的态度、无私奉献的精神和对知识的渴求以及对真理的热爱。我国近代气象学家、地理学家竺可桢说:"提倡科学,不但要晓得科学的方法,而尤贵在乎认清近代科学的目标。近代科学的目标是什么?就是探求真理。科学方法可以随时随地而改换,这科学目标,蕲求真理也就是科学的精神,是永远不改变的。了解得科学精神是在蕲求真理,吾人也可悬揣科学家应该取的态度了。""科学精神就是'只问是非不计利害。'这就是说,只求真理,不管个人的利害,有了这种科学的精神,然后才能有科学的存在。"科学的求真精神是一种无私奉献的精神,具有普遍的价值。对知识和真理的追求,并为之奋斗,这不仅是科学家的品质、科学的内在精神,而且也是人类最崇高的理想之一。人们对知识和真理的追求,是为了造福人类,营造美好的未来。正是出于这种目的,人们全力以赴,用他们的智慧和才能去扩大和丰富人类的精神财富。科学不仅用创造性的成果不断提高人们的认识水平,更重要的,科学活动所体现的对真理的坚定不移的无私追求精神,既把科学活动主体的思想境界提高到一个崭新水平,又给人类的精神追求提供了价值目标。科学精神的这些内在价值都是教师在树立求真精神时所应汲取的。

美国科学家、诺贝尔物理学奖获得者费曼,小时候对小动物很感兴趣。与小伙伴一起玩时,小伙伴很流利地说出了各种国家对一只小鸟的称呼。费曼很苦恼,因为他什么也不知道。回家后,他埋怨父母没教他。爸爸告诉他,了解小鸟的名字不是最重要的,重要的是了解它的生活环境、作息习惯以及如何捕食等。而带着问题去细心观察,会有更多意想不到的收获。正是父亲的这番教育,费曼逐渐养成了爱思考、善于观察的习惯,最终取得了很高的成就。

费曼的故事告诉我们,科学教育不仅仅是一种知识的传授,更重要的是科学精神的培养。科学精神表现在科学家生活中的各个方面,甚至表现为一种突出的人格或个性。1935年,爱因斯坦在居里夫人悼念会上说,像居里夫人这样的第一流人物对时代和历史进程的意义,在其道德品质方面,例如她的坚强、她纯洁的意志、她的严于律己、她的客观、她公正不阿的判断,也许比单纯的才智成就还要大。这也表明,伟大的科学家之所以能取得伟大的成就,科学精神所发挥的作用无论给予多高的评价都不过分。科学教育在培养孩子科学精神的同时,也在其身心中植入了一种道德规范。这种道德规范能够帮助他们更好地发展、成

① 杨建朝.育"人":教育精神的时代诉求、特质与意义[J].湖南师范大学教育科学学报,2012(1):59-62.

才。而培养儿童的科学精神，应该贯穿于科学活动中，通过有趣的活动来吸引孩子的兴趣。一旦他们感受到了科学活动的乐趣，自然会全心全意投入其中。老师或家长如果给予适当指导，孩子的耐心、细心、同情心和意志力都会得到加强，即使最终成为不了科学家，这种精神也会让其在未来的成长中受益无穷。

有的教师可能会错误地认为，科学精神的培养应该由理科课程来完成。实际上，求真、诚实、严谨等科学态度是科学精神的核心，所有学科都应该贯彻这种精神。

[活动]阅读下列教学案例，分析这位老师的科学精神体现在哪些方面。

李老师引用杜甫的"朱门酒肉臭，路有冻死骨"的诗句分析剥削阶级和被剥削阶级的社会处境，李老师解释道："大户人家的酒肉多得发臭，而路上却有贫穷人被冻死的尸体……"还未说完，发现石磊举手。

"请问，有什么问题？"

"老师，我觉得你对杜甫诗句的解释不合理。"

"为什么？"

"因为从诗句中可以判断是冬天，既然能把人冻死，那么肉就不会发臭，怎么能闻到臭味呢？"

石磊说完后，教室里并没有炸开锅，同学们反而静静地看着李老师，脸上露出惊奇的表情。李老师对学生的提问，也颇感意外，很快便镇定下来，对同学们说："同学们，从气候特点上分析，石磊同学的提问是有道理的，老师也没注意到这一细节，所以一时也不能给大家做出科学的解释。这节课给大家留一个作业，去查找一些资料，下节课我们来共同解决这一问题。"

下课后，李老师查了一些资料，发现大多数与李老师在课上的说法一样，但李老师通过查字典发现"臭"又读作"嗅"，解释为"用鼻子辨别气味"。这样，正确答案就清楚了。

第二次上课，李老师并不急于告诉学生结果，而是向学生要答案。

有的学生说查到的资料与老师讲得一样。

有的学生说是因为大户人家的酒肉多得吃不了，每次把吃剩下的都倒在了茅坑里。

有的学生说……

李老师在听完同学的答案后，最后给出了自己的答案："同学们，上次石磊同学的疑问是有道理的，原来的解释有误。'臭'在此处应读'嗅'，意思是大户人家的酒肉香味不停地飘出来，而路上却有贫穷人冻饿至死的尸骨。石磊同学善于独立思考，大胆质疑。希望同学们向他学习，努力培养自己的创造思维。"

事后，李老师又与石磊交谈，进行鼓励。石磊学习自信也大增，各科成绩提高很快。

第二，不畏权威、勇于挑战的质疑精神。科学强调一切理论都必须经过逻辑推论和实践检验。对此，科学家体会十分深刻。意大利物理学家、天文学家伽利略指出："老实说，我赞成看亚里士多德的著作，并精心研究；我只是责备那些使自己完全沦为亚氏奴隶的人，变成不管他讲的什么都盲目地赞成，并把他的话一律当成丝毫不能违抗的神旨一样，而不深究其任何依据。"李四光也指出："不怀疑不能见真理，所以我希望大家都取一种怀疑的态度，不要为已成的学说压倒。"科学不盲目崇拜任何权威，对于科学活动主体来说，他不应不加分析地盲目接受任何东西,也不应凭个人主观意愿而随意怀疑,而应运用逻辑的推理和实践的验证来检验科学理论。用批评的态度审视一切、不盲从权威的怀疑精神是科学精神的重要组成部分。

[阅读]

我最好的老师

大卫·欧文

怀特森先生是我六年级时的科学课老师。他是一个很有个性的人,教学方法独特,常常有出人意料的举动。记得第一天上课,他给我们讲授的是一种名叫"猫猬兽"的动物。他说这种动物一般在夜间行动,因为不能适应自然条件的变化而绝种了。他一面侃侃而谈,一面让我们传看一个颅骨。我们全都认真作了笔记,然后是随堂测验。

当他把卷子发下来的时候,我惊得目瞪口呆,因为在我写下的每一个答案后面,竟然都被画上了一个刺眼的红叉叉。我得的是零分! 可这不公平,因为每一道题都是根据我的课堂笔记回答的。而且,吃惊的并不是我一个人,我们班上的所有同学都得了零分。

"很简单,"怀特森先生说,"关于猫猬兽的一切,都是我故意编造出来的。这种动物从来就没有存在过。因此,你们记在笔记本上的,全部是错误的信息。难道你们根据错误的信息得出的错误答案,还应该得分不成?"不用说,我们全都气炸了。这算什么测验? 怀特森算哪门子老师?

怀特森先生似乎根本不理会我们的心情。他说,每一个人都应该具有独立思考和独立判断事物真伪的能力,同时也应该具有怀疑的能力。他告诉我们,当时他让我们传看的只是一个普普通通的猫的头盖骨,并且,就在那堂课上他还提醒过我们:到目前为止,世界上从来没有发现过这种动物的痕迹——那么这个头盖骨是从哪儿来的呢? 当时我们中间居然没有一个人提出疑问。"其实我的破绽还有很多。其中包括猫猬兽这个古怪的名字,你们却都深信不疑。"为此他特别强调,本次测验的零分纪录都将写进每个人的成绩报告单。同时,他希望我们从这个零分中吸取教训,不要让自己的脑子睡大觉,一旦发现问题,就应该立刻指出来。

从此,科学课对于我们来说就成了一种"冒险"。怀特森先生总是想方设法让我们来接受他的挑战。有时,为了驳倒他的一个貌似正确的"论点",我们常常会在课后花好几个小时甚至几天的时间去思考和论证。然而,正是在一个个饶有趣味又充满刺激的过程中,我们逐渐增长了见识,也逐渐懂得了如何去接近真理。

这是一种终身受益的教训。怀特森先生让我还有我的同学明白了一个重要的道理:不要迷信书本,也不要迷信权威。

当然,并不是所有的人都能够理解怀特森先生的做法。有一次,我把怀特森先生的方法介绍给一位朋友。他听后吓坏了,说:"他怎么能够这样来糊弄你们呢?"我立刻看着那位朋友的眼睛,并告诉他:"不,你的看法错了。"

第三,积极探索、勇于开拓的创新精神。没有创新就没有科学,创新是科学的本质。我国地质学家李四光说:"科学的存在全靠它的新发现,如果没有新发现,科学便死了。"科学作为一项研究活动,它是人类知识的创造性劳动过程,其最显著的特点是通过积极的探索,不断地寻求自然之谜的新答案,从而使科学知识体系成为一种永远处于发展之中的开放体系。培养个性化学生,是现代教育的一个重要目标。要培养个性化的学生,必须要有个性化的教师。培养教师的个性,首先要增强教师的个性发展意识,增强教师的个性思维。但要真正达到个性化,必须培养创新的品格。个性依赖于创新,没有创新精神的教师就不可能是个性化的教师。一个教师在教学上的独到之处,依赖于他的独创思维,依赖于他的创造性。科学的进取、向上的品格和开拓创新的精神正是中小学教师培养学生个性、创造性所需要的。树立科学精神,有利于培养教师的创新精神。善于开拓,精于创新,在教学方法上进行探索,取得突破,这也成为教师良好专业素质的必备条件之一。

第六章　教师专业智慧

教育的技巧并不在于能预见到课的所有细节，而在于根据当时的具体情况，巧妙地、在学生不知不觉中做出相应的变动。

——苏霍姆林斯基

不论教育者是怎样地研究教育理论，如果他没有教育机智，他不可能成为一个优秀的教育实践者。

——乌申斯基

第一节　智慧的教

从古至今，人类在追寻智慧的道路上从未停下脚步，"爱智慧"也成为人类的一门学问——哲学。哲学一词 philosophia，由 philos 和 sophia 两个词组成，在希腊语中意为"爱智慧"。17 世纪法国古典作家拉罗什富科有过一句名言，智慧之于灵魂犹如健康之于身体。可见，追寻智慧已经成为人类发展的精神需求。教育促进人类生命的生长，也孕育着人类智慧的发展。注重教师专业发展由知识型转向智慧型，这已成为时代发展的迫切需要和客观需要。

一、教学智慧的内涵

什么是教学智慧呢？教学智慧在《教育大辞典》中被定义为："教师面临复杂教学情境所表现的一种敏感、迅速、准确的判断能力。在处理事前难以预料、必须特殊对待的问题时，以及对待一时处于激情状态的学生时，教师所表现的能力。"

从内部结构来看，理解教学智慧的内涵，需要分析它所强调的三个关键词：一是教学的"复杂性"，二是教学的"情境性"，三是教学的"实践性"。第一，教学智慧强调教学的复杂性，就是在于说明教学智慧是必需的。教学实践领域具有两重性：它是自然的又是属人的，它是客体的又是观念性的，它是必然的又是自由的，它是因果性的又是目的性的。这就要求教师在教学过程中，一方面从科学的角度去遵循一些必然的教学规律，另一方面从人文的角度解释与理解一些特殊现象，处理一些特殊的问题。第二，教学智慧强调教学情境，是因为教学智慧和教学的人文性相联系，强调对待个别、特殊的教学实践问题，是一种关于教学践行的知识,它和教学实践经验的关系十分密切。教学活动既是一种科学活动,必须符合一些教学活动的必然规律,同时教学活动又是一种艺术活动,蕴藏着丰富的人文性,有些现象需要理解和解释。第三,教学智慧同时强调教学情境中的"实践性",这是要把教学智慧和教学技能区分开来,虽然教学技能和教学智慧有一定的关系,但二者毕竟不是一回事,是"形而下"与"形而上"的关系;教学技能是一种通过训练就可以形成的较为单一的能力和技术,是教学实践活动的工具和手段,其目的存在于自身之外;而教学智慧则不是一种特殊的知识类型,是不可学习与传授的,而是将原则反省的普遍性和感觉的特殊性结合在一个特殊的教学情境中,其践行本身就是目的。①

从水平层次上看,教学智慧可以由低到高划分为三个水平层次:第一层次——技能熟练且恰当运用阶段,指教师在掌握了教学设计要求、常规教学方法的操作程序、多媒体的使用、课堂教学管理等多种技能的基础上,能够较熟练且恰当运用、师生交流正常、顺利达成教学目标的状态;第二层次——机智应对突发性教学情境阶段,指教师在第一层次的基础上还能做到对课堂中生成的各种问题机智面对、有效引导,达成良好的教学效果;第三层次——融通共生、自由和美境界阶段,是指教学体现了教师的才学与教学活动自然契合,师生沟通交流,通融和谐,教师的聪慧激发出学生智慧的火花,课堂情境呈现出求真、求善、求美的和谐统一状态。这是真正教学智慧达成的状态,是教学的最高境界。在我们看来,并不是教师必须完全达到第一个阶段才能进入第二个阶段,严格地依次推进。其实,当教师部分素养达到一个水平层次后,就会有更高一个层次的行为表现。有可能开始状态是零散的、局部的,而在教师的不断努力之下,会逐步进入高层次的新阶段。②

二、教学智慧的内容

(一)课堂导入的智慧

古诗云:"转轴拨弦三两声,未成曲调先有情。"课堂教学亦是如此。要上好一堂课,首先要把好课堂导入关。所谓课堂导入即教师采用各种方法使学生的注意力从课间转移到课堂学习中。生动有趣、引人入胜的课堂导入,能充分激发学生学习的热情和求知欲望,促使学生深入思考,为整堂课的和谐、自然发展定下基调。

1.旧知导入法

"温故而知新"。旧知导入法是指教师依据温故知新的教学原则由已知向未知引渡,架设攀登新知识高峰的梯子,激发学生对新知识的探究欲望的导入方法。教师在讲授新知识前,通过复习旧知识,如对学过的知识进行扼要总结,或提出与以前学过的知识有关的问题,引出与它们相联系的新问题,由此导入新课。这种导入突出承上启下的作用,提示学生要运用旧知识理解新知识。

---

① 王鉴.教学智慧、内涵、特点与类型[J].课程·教材·教法,2006(6):26.
② 杜萍,田慧生.论教学智慧的内涵、特征与生成要素[J].教育研究,2007(6):27.

2. 设置悬念法

古人云:"学贵于思,思源于疑。"根据学生爱追根求源的心理特点,一上课就给学生创造矛盾,提出问题,设置悬念引起注意。因此在课堂教学导入时,利用巧妙设问造成悬念,让学生处于一种"不愤不启,不悱不发"的状态,促使学生在高昂的求知欲望中探求知识,引发学生学习知识的兴趣。

3. 创设情境法

教学应激发学生的学习兴趣,注重培养学生自主学习的意识和习惯,为学生创设良好的自主学习情境。情境创设法是一种能引人入胜的方法。教师可根据教学内容的需要,先创设一种虚拟情境,将学生引入课堂教学,使学生自然而然地进入到新的学习任务中去。这种导入的特点是:形象,直观,容易调动学生的兴趣。如朱自清《背影》的导入:父爱如山,我们每个人都感受过伟大的父爱,大家回忆一下,父亲平时的哪些举动体现了对我们的爱?你对父亲的爱最感动的是哪一件?通过学生回忆,有的学生的眼圈发红,流露出悔恨之意;有的学生低头不语,沉浸在自责之中;有的学生面带微笑,徜徉在幸福之中;有的学生目光明亮,尽显感恩之情……

4. 趣味导入法

教师选择以谜语、故事、游戏或与教材内容密切联系的视频、歌曲等为导入,调动学生的学习积极性,增加课堂的趣味性、艺术性。如杭州市学军小学的王老师在《宣传海报》一课中,开篇以"观看视频并猜一猜视频资料中的建筑物是什么"为题来进行导入,激发了学生参与的热情。而教师宣布的"世博会中国馆"的答案也自然地将学生的视线引入课题"世博会馆室"的宣传海报制作,并将学生高涨的学习和参与的热情一并带入到了新课的学习中。

5. 名言引入法

名言警句是人类思想、语言艺术的集中体现。教师通过引用与课题相关的名言作为引言,引导学生进入新课题。引用与本课题有关的名言名句导入新课,既渲染了课堂气氛,激发学生的兴趣,又陶冶了学生的情操。当然,导入的方法还远不止这些。

可以说,良好的导入是上好一节课的基石。"教无定法",导入没有固定的模式,也无所谓最好的模式,完全因教学氛围、对象、目标的不同而不同。但是,设计导入时,值得注意的问题是:

第一,导入要与教材内容和学生特点相适应。

第二,导入要有趣味性。学生对所学内容感兴趣,就会表现出主动积极和自觉,学习时轻松愉快,学习效率自然会高。

第三,导入要有启发性,以便激发学生的思维。

第四,导入语言要有艺术性。要使新课的开始能扣动学生的心弦,需要教师讲究语言的艺术。

第五,导入新课的时间不宜过长。导入只是课堂的一个开头,它的作用是为教学打开思路,不能喧宾夺主。

总之,导入有法,但无定法,贵在得法,但无论用何种形式和方法导入新课都为了激发学生求知的兴趣,达到课堂教学的最优化。我们要在瞄准教材的重点、难点的前提下,根据学生的心理特点与教学内容,灵活设计,巧妙运用,使导入这个教学的"第一锤"敲在学生的心灵上,迸发出迷人的火花。

[活动]以小组为单位,自拟教学主题,用以上五种方式设计课堂导入,进行现场模拟教学。

(二)教材研读的智慧

教师研读教材就是为了提高教师驾驭教材、驾驭课堂的能力,最终目的是为了推进素质教育的实施,进行教与学的变革,提高课堂教学的有效性和教育教学的质量。因此,我们应把研读教材与教育教学的实践活动结合起来,真正做到研有所得。

1.接纳——尊重教材

教师要从整体上研读教材,把握知识的贯通和延伸,在教学中利用各种联系,把知识贯穿起来,使它们条理清楚,层次分明,以便学生深刻理解知识,并能灵活运用,提高分析问题和解决问题的能力。

教学离不开教材,用好教材的前提条件是尊重教材,准确把握教材的编写意图,在教学中力求还原教材编写的本意,深入感悟教材资源,实现教材自身价值的最大化。教师不仅要对教材和教参做深入细致的研读,而且需要自觉广泛涉猎有关的知识,增加一些可以作为"背景"的东西,并把这些东西内化,变成对教学有用的东西。正如苏霍姆林斯基所说:"只有当教师的知识视野比国家教学大纲宽广得无可比拟的时候,教师才能成为教育过程真正的能手、艺术家和诗人。"

2.完善——理解教材

以教材作为原型和范例,在依托和尊重教材的基础上,根据实际需要对教材进行适度的拓展和延伸,挖掘教材资源的深层价值,最大限度地发挥教材的功能。

第一,点亮教材细节。有的教师潜心设计"小动作",对课堂教学起到画龙点睛的艺术化效果,这些"点睛之笔"源于教师对教学本质的深刻领悟。这些细节处理没有张扬的技法,有的只是教师对教材的深刻理解、对学情的准确把握。其实,许多教材细节还需教师多加推敲,用心琢磨,把教材细节做"亮"。教师备课时要在充分钻研教材的基础上,认真对待教材的每一个细节,赋予教材细节更深的知识内涵和更广的思维空间,让教材细节丰盈课堂,使之能够生发锦上添花、以小见大的效力。

第二,填补教材"空白"。新课程教材通过游戏、对话、表格和图片等方式呈现教学内容,没有呈现结论,只有学生自主活动的建议和过程中的问题提示,力求为教与学留下尽可能大的探究和交流空间。教学的灵活性增加了,教师的选择空间扩大了。这些教材空间给教师教学带来一定的困惑和难度,同时也给主体间的有效合作带来了良好的机会,让教师在使用教材时有更多的联想意境和创造空间。教师要善于在教材的"留白"处挖掘,拓展教材的深度和广度,从而使新课程教材真正成为有效激发学生的学习潜能、引导学生自主探索、激励学生自我实现、不断提高学生素养的"有效的信息资源"。

[阅读]

老师是一只青蛙①

那是个阳光灿烂的日子,同往常一样,我们又该学习新课了。不同的是,有许多老师来听课。这次学习的课文是《坐井观天》,一切都在有条不紊的进行着。以前,每学完这课,为了培养学生们的创造性思维,我都要让他们根据课文内容展开想象,以"青蛙跳出井口了"为题进行写话训练,效果非常好。按照惯例,学完新课后我又一次让同学们想象青蛙要是跳出井口了,将会怎样呢?同学们的学习兴趣又一下被激发出来,有的和同桌互说,有的前后凑在一起争论,还有的仰起小脸在思考。

待平静下来,我开始点名。有的同学说,青蛙跳出井口后,看到了无边无际的大海,海涛声吓得它忙向小鸟求救。有的同学说,青蛙看到了高高的山峰和一眼望不到边的田野,田野里开满了五颜六色的花儿,上面飞舞着蝴蝶和蜜蜂,青蛙陶醉了,它觉得以前的日子都白过了。还有的同学竟然让它坐上了飞机去环球旅行,青蛙一下飞机就对小鸟说:"不看不知道,世界真大啊!"听课老师都被他的话逗笑了,我也没想到他会把一句广告词"不看不知道,世界真奇妙"改得这么恰当。

我班有一名新转来的同学叫张明,看到他把手举得高高的,便点了他的名。他站起来说:"青蛙从井里跳出来,它到外面看了看,觉得还是井里好,它又跳回了井里。"同学们听了哄堂大笑,我也笑了。我打断了他的话,问大家:"是井里好,还是井外好?"我示意张明坐下,随口说道:"我看你是一只青蛙,坐井观天。"之后,我又让大家把自己想的和说的写出来。

在批阅同学们交上来的作业时,我看到了张明续写的故事:青蛙跳出井口,它来到一条小河边,它累了想去喝口水。突然,它听到一声大吼:"不要喝,水里有毒!"果然,水上漂着不少死鱼。它抬头一看,原来不远处有一只老青蛙在对它说话。它刚要说声谢谢,就听到一声惨叫,一柄钢叉已刺穿了那只老青蛙的身子,那只老青蛙正在痛苦地挣扎。青蛙吓呆了,这外面的世界太可怕了,它急忙赶回去,又跳到了井里。还是井里好,井里安全啊!

我的心被震撼了。河水里常漂有死鱼,菜市上也常有卖青蛙的,这都是有目共睹的,让青蛙跳回井里又有什么不好?可我却没有给他一个发表自己观点的机会。倘若让他把话说完,不仅同学们不会再笑他,而且也将给我的课堂教学增添一抹亮色。我不是要培养他们创造性的思维吗?可我竟然说他是一只坐井观天的青蛙。孩子的心灵就像井外那多彩的世界,需要跳出来的恰恰是自以为是的我自己!

提起笔,我在张明的作业下的空格里工工整整的写下一句话:"对不起,老师是一只青蛙。"

3.超越——创生教材

学生的教材,是由教育专家们精心编写而成的前人丰富经验的综合。但由于编写教材受人员、地区、环境等条件的影响,它不可能是放之四海而皆准的"万能"书。在我们的实际教学中,我们可以根据学生实际情况、教师素质、本地实际等因素,对教材进行因地制宜、因人而异地处理,不必完全照搬,我们是"用教材来教,而不是教教材",要能够借助教材的工具

---

① 胡明根.影响教师的100个经典教育案例[M].中国传媒大学出版社,2005:8.

性,灵活运用、合理整合,让教材焕发新的活力。

1989 年美国有一部教育题材的电影《死亡诗社》,里面刻画了一位"离经叛道"的教师形象。威尔顿预科学院一向都是以传统、守旧的方法来教授学生,可是新学期来校的新文学老师基廷(Keating)却一改学校的常规,让自己班上的学生们解放思想,充分发挥学生们的能力。告诉学生们要"把握当下"(拉丁文:carpe diem,英文:seize the day),并以该原则行事。在教学的第一堂课上,基廷并没有在教室里上课,而是领同学们看校史楼内的照片,让他们去聆听死者的声音,并去领悟生命的真谛。基廷甚至要求学生将课本中古板老套的内容撕去,自由的教学方式让学生开始懂得自己的兴趣、爱好、前途和目标。他的学生们甚至重新成立基廷曾于该校学生时代参与过的秘密小组——死亡诗社(Dead Poets Society,另译:古人诗社),在校外很远的山洞中探讨诗歌、人生。但不久后,学校发现这个小组,校方对基廷老师教育的方法十分反对。基廷的学生尼尔(Neil)热爱表演,并在一次演出上大获成功……在老师要离开学校的时候,学生们站立在桌上,并说着"哦,船长,我的船长!",以表达老师传达给他们的信念会在他们心中一直存在着。

《死亡诗社》里有一幕教学片断,基廷老师带领学生站在讲桌上,为的是"换一个角度看世界",下面是基廷老师的一段话:

I stand upon my desk to remind myself that we must constantly look at things in a different way. 我站到讲台上是想提醒我自己,我们必须时刻用不同的眼光来看待事物。

See, the world looks very different from up here. 瞧,从这上面看世界完全不同。

You don't believe me? Come see for yourself. Come on. Come on! Just when you think you know something, you have to look at it in another way. 如果不相信可以自己来看。来吧,来。一旦你觉得自己懂得了什么,就必须换一种角度来看。

Even though it may seem silly or wrong, you must try! 这可能显得很荒唐,或者愚蠢,但必须试一下。

Now, when you read, don't just consider what the author thinks. Consider what you think. 同样,读书的时候,不要只想作者怎么看,想想你怎么看。

Boys, you must strive to find your own voice. Because the longer you wait to begin, the less likely you are to find it at all. 同学们,你们必须努力寻找自己的声音。因为你越迟开始寻找,找到的可能性就越小。

Thoreau said, "Most men lead lives of quiet desperation." 梭罗说:"大多数人都生活在平静的绝望中。"

Don't be resigned to that. Break out! Don't just walk off the edge like lemmings. 别陷入这种境地。冲出来! 别像老鼠逃跑似的。

Look around you. There! There you go, Mr. Priske. Thank you! Yes! Dare to strike out and find new ground. 看你的周围,对了! 就这样,布里斯克,谢谢,对极了! 要敢于开拓新的天地。

Now, in addition to your essays, I would like you to compose a poem of your own, an original work. That's right! 好了,除了写作文以外,我希望你们每人写一首诗,自己的诗。

You have to deliver it aloud in front of the class on Monday. 每个人星期一早晨都要在

全班念自己的诗。

[活动]请对下面这位教师的教学行为进行分析和评价。

一个青年教师在进行公开课《伊犁草原漫记》教学时,课文第二段第三层写秋天猎人猎熊的果敢,但一名学生没有按要求归纳猎人果敢的特点,而是说猎人残忍,同时指出猎人的行为是违法行为。原本课文中这一段是歌颂猎人的,学生却痛斥猎人的猎熊行为,这是教师所始料不及的。可喜的是,这位教师并不因为学生当着听课教师的面提出不同的观点而气恼或逃避,而是因势利导,让学生充分讨论,发表自己意见。最后全班学生从保护野生动物的角度出发,推翻了课文的观点。

教材虽是最主要的课程资源,但教师要学会能动地改组教材、拓展教材、超越教材,从而加大探索力度,提高思维难度,增加教学密度,提升教学效度,使教学资源更加优化,更好地为学生学会知识生成智慧服务。具体体现在教师对教材有深刻和独到的见解,对教学有独特的思路和设计,能够对教材的绝对权威提出挑战,做出有个性的演绎,面对复杂多变的教育情景及时增删、延展固有观念,创造出有益于师生对话的氛围,使教学活动更加鲜活生动。它要求教师能够站在与教材编写者同样的高度去审视教材,能够读懂学生、读懂教材,寻求学生认知规律与教材编写意图之间的契合,对教材科学合理地整合。

[阅读]

美国老师讲灰姑娘的故事①

上课铃响了,孩子们跑进教室,这节课老师要讲的是《灰姑娘》的故事。

老师先请一个孩子上台给同学讲一讲这个故事。孩子很快讲完了,老师对他表示了感谢,然后开始向全班提问。

老师:你们喜欢故事里面的哪一个?不喜欢哪一个?为什么?

学生:喜欢辛黛瑞拉(灰姑娘),还有王子,不喜欢她的后妈和后妈带来的姐姐。辛黛瑞拉善良、可爱、漂亮。后妈和姐姐对辛黛瑞拉不好。

老师:如果在午夜12点的时候,辛黛瑞拉没有来得及跳上她的番瓜马车,你们想一想,可能会出现什么情况?

学生:辛黛瑞拉会变成原来脏脏的样子,穿着破旧的衣服。哎呀,那就惨啦。

老师:所以,你们一定要做一个守时的人,不然就可能给自己带来麻烦。另外,你们看,你们每个人平时都打扮得漂漂亮亮的,千万不要突然邋里邋遢地出现在别人面前,不然你们的朋友要吓着了。女孩子们,你们更要注意,将来你们长大和男孩子约会,要是你不注意,被你的男朋友看到你很难看的样子,他们可能就吓昏了。(老师做昏倒状)

老师:好,下一个问题,如果你是辛黛瑞拉的后妈,你会不会阻止辛黛瑞拉去参加王子的舞会?你们一定要诚实哟!

学生:(过了一会儿,有孩子举手回答)是的,如果我是辛黛瑞拉的后妈,我也会阻止她去参加王子的舞会。

---

① 余文森.教师专业发展[M].福州:福建教育出版社,2007:11.

老师：为什么？

学生：因为，因为我爱自己的女儿，我希望自己的女儿当上王后。

老师：是的，所以，我们看到的后妈好像都是不好的人，她们只是对别人不够好，可是她们对自己的孩子却很好，你们明白了吗？她们不是坏人，只是她们还不能够像爱自己的孩子一样去爱其它的孩子。

老师：孩子们，下一个问题，辛黛瑞拉的后妈不让她去参加王子的舞会，甚至把门锁起来，她为什么能够去，而且成为舞会上最美丽的姑娘呢？

学生：因为有仙女帮助她，给她漂亮的衣服，还把番瓜变成马车，把狗和老鼠变成仆人。

老师：对，你们说得很好！想一想，如果辛黛瑞拉没有得到仙女的帮助，她是不可能去参加舞会的，是不是？

学生：是的！

老师：如果狗、老鼠都不愿意帮助她，她可能在最后的时刻成功地跑回家吗？

学生：不会，那样她就可以成功地吓到王子了。（全班再次大笑）

老师：虽然辛黛瑞拉有仙女帮助她，但是，光有仙女的帮助还不够。所以，孩子们，无论走到哪里，我们都是需要朋友的。我们的朋友不一定是仙女，但是，我们需要他们，我也希望你们有很多很多的朋友。下面，请你们想一想，如果辛黛瑞拉因为后妈不愿意她参加舞会就放弃了机会，她可能成为王子的新娘吗？

学生：不会！那样的话，她就不会到舞会上，不会被王子遇到、认识和爱上她了。

老师：对极了！如果辛黛瑞拉不想参加舞会，就是她的后妈没有阻止，甚至支持她去，也是没有用的，是谁决定她要去参加王子的舞会？

学生：她自己。

老师：所以，孩子们，就是辛黛瑞拉没有妈妈爱她，她的后妈不爱她，这也不能够让她不爱自己。就是因为她爱自己，她才可能去寻找自己希望得到的东西。如果你们当中有人觉得没有人爱，或者像辛黛瑞拉一样有一个不爱她的后妈，你们要怎么样？

学生：要爱自己！

老师：对，没有一个人可以阻止你爱自己，如果你觉得别人不够爱你，你要加倍地爱自己；如果别人没有给你机会，你应该加倍地给自己机会；如果你们真的爱自己，就会为自己找到自己需要的东西，没有人可以阻止辛黛瑞拉参加王子的舞会，没有人可以阻止辛黛瑞拉当上王后，除了她自己。对不对？

学生：是的！！！

老师：最后一个问题，这个故事有什么不合理的地方？

学生：（过了好一会）午夜12点以后所有的东西都要变回原样，可是，辛黛瑞拉的水晶鞋没有变回去。

老师：天哪，你们太棒了！你们看，就是伟大的作家也有出错的时候，所以，出错不是什么可怕的事情。我担保，如果你们当中谁将来要当作家，一定比这个作家更棒！你们相信吗？

孩子们欢呼雀跃。

（三）课堂应激处理的智慧

在课堂教学中,教师如何对待学生的回答,以何种方式处理学生的回答,教师回答后学生又有什么反应等,直接影响学生对某个问题的理解和下一步的学习进程,也影响到学生对一堂课甚至一门课的学习兴趣与态度。课堂中,唯有让自己的心里充满爱心、灵性、尊重、信任、风趣,唯有让自己的评价充满智慧,才能使课堂生成彰显精彩。这就需要教师不断提升自己的教学智慧,尽管教学智慧是瞬间的判断和迅速的决定,但教学机智往往是教师在教学过程中面对特殊的教学情境最富灵感的"点睛之笔"。

1.处理教学失误的智慧

课堂教学是一种极其复杂的劳动,尽管教师认真准备,但仍不能避免自身出现一些意想不到的失误。出现失误并不奇怪,尤其对于一些年轻的教师而言更是如此,关键在于教师如何随机应变,如何正确地对待和处理这种失误。

有一位教师在上公开课的时候,由于紧张,把《北大荒的秋天》一文中的"高粱"二字写成了"高梁"。一位学生站起来吃惊地说:"老师你错了,'高粱'的'粱'底下是'米'。"这时该教师看了一眼自己写的字,马上意识到了自己的失误。当坐在下面的听课教师都为其捏了一把汗时,却只见这位教师依然面带微笑,神情自若地说:"这位同学说得非常正确,看来同学们看得都很仔细。以往老师在教授这个字时,有不少同学会犯同样的错误。"接着,该教师又问:"你们知道'高粱'的'粱'字为什么下面是'米'吗?"学生们七嘴八舌地回答:"因为'高粱'是粮食,所以是'米'"。接着,他强调:"对,同学们分析得很有道理,'高粱'是粮食的一种,所以下面是'米'字,而这个'梁'是栋梁,是一栋房子最重要的支撑点,是用木头做的,所以下面是'木'字,大家记住了吗? 以后可不能再犯和老师同样的错误哦!"就这样,这位教师运用教学机智化解了一场课堂危机,既挽回了自己的"面子",也使教学收到了意想不到的效果。

2.处理学生失当行为的智慧

学生失当行为有互相吵闹、打架、摔文具等,其中学生的"恶作剧"是最常见的失当行为,如男生在女同学文具盒中放入苍蝇、虫子,在同学座位下放死老鼠,在同学起立时挪开凳子,往前座同学背上贴纸捉弄人等。面对这种情况,教师要镇定宽容、迅速果断地采取相应的对策化解矛盾,摆脱窘境。

3.处理教学环境突变的智慧

教学环境突变是指外来干涉事件的发生导致课堂教学环境的不协调,它不是由学生引起的,而是由外界某些偶然因素的干扰引起的事件,对于这类事件的处理同样需要运用教学机智。

[案例]

考试的时候,有个学生憋不住,尿裤子了,这个学生猜测着别人种种嘲笑无心做题。第一个发现的是老师,他端着鱼缸打翻在学生的旁边,并且道歉,之后帮这个学生换了衣服。这个学生安心考完了试。

[案例]

在一堂很多人参加听课的数学公开课上,正当某教师讲得津津有味,学生们听得入神的时候,一名学生的书桌里忽然传来鸟叫的声音。鸟儿的叫声打断了正常的教学秩序。该教师走到这名学生课桌前伸出了双手,说:"同学们学习是这样的入神,连鸟儿什么时候飞进课桌也不知道。"于是在一片善意的笑声中,化解了一场尴尬。该教师的手已经伸出去了,这名学生再不愿意也只好贡献出心爱的"宝贝"。经教师那么一说,仿佛并不是这名学生的过错,顾全了这名学生的面子。如果该教师不让这名学生交出鸟儿,那么鸟儿仍还会出声,仍会再一次地扰乱课堂纪律。在给足这名学生面子的同时,达成自己的教学目的,这就是教学机智,这就是教学的艺术。教师的目的不是要让学生难堪,而是一切工作为学生,一切工作为教学。

4. 处理学生意外回答的智慧

教师在课堂讲解、提问、组织讨论时,会碰到难度很大的问题,甚至一时难以回答。学生思维活跃,视野有时比教师开阔,会提出一些意想不到的问题,这就要求教师不仅要具有良好的知识修养,而且还要具备灵活地运用知识、机智地处理问题的能力。

[练习1]案例分析:一年级老师教学生认识家禽动物。老师问:"有一种动物两只脚,每天早上太阳公公出来时,它都会叫你起床,而且叫到你起来为止,是哪一种动物?"一个学生回答:"妈妈!"面对此教学情境该如何处理?

[练习2]各组讨论、合作,策划并提交一份教学设计方案。

第二节　智慧的学

在学习型社会的理念逐步深入人心的时代,在教师专业发展越来越受到重视的今天,教师的学习成为关注的焦点和研究的热门话题。

[阅读]

教师比学生更需要学习 [1]

我在退休时,曾想到,如果说自己的教育经历有什么值得总结,值得对人说一说的,那可能莫过于把自己教成了一个比较好的学生。

我把自己教成了一个学生,我把自己教回到课堂,我把自己教回了童年……这也许就是为什么在离开课堂之后,我仍然对教育保持着热情,仍然对世界保持着好奇心,仍然在思考着学校里和课堂上发生的所有教育。

最重要的是转变观念,教师比学生更需要学习。

教师职业的任务,是让学生"学会学习";因为这一点,教师自己必须是真正善于学习的

---

① 吴非.教师比学生更需要学习[N].中国教育报,2014-09-26.

人。因为只有教师知道如何去学，学生才有可能跟随他学习。承认自己需要学习，才可能有真正的学习。从走上讲台的第一个星期起，我就想到，随"教学"的开始，属于我的学习也开始了。因为面对的这五十多个人，他们的智慧总和必然大于我，我唯一高于他们的，是比较丰富的社会经验，然而这种不足道的"优势"会很快消失。30年以来，高师毕业即从事教学成为常态（近年一些学校才要求"硕士学历"）。我的同事，大多数是在22岁左右毕业来到学校的。在他刚走上讲台时，谁都会认为他的"专业水平"处在并不高的状态；其实，此时的他，缺少的只是经验和资历，一般而言，他的知识水平比工作了十多年的教师要"新"一些。事实也证明，相当一批教师一生中知识水平最高的时期，就是刚刚毕业的那几年——面包刚刚出炉，"色香味形"俱佳。而由于应试教育的熏染，很多教师在繁重的重复劳动中疏于学习，新的观念新的知识对他没有吸引力，他已经成为庞大的考试机器上的一个部件，成为应试教育流水线上的一个操作工。在教学方面，他只要带两轮教学，那些经验和技巧足以应付低水平的中考和高考。于是，他很可能停滞徘徊在起点附近，不思进取；而僵死落后的评价机制会很快给他带去显性的利益。在那样一种状态下，初出茅庐时的教育理想很快消磨殆尽，教学激情随之消磨一空，更不用说什么教学风格了，偶尔有过的那一点课堂魅力不过是昙花一现。根据我国的劳动退休制度，如果22岁高师毕业，男教师得工作38年，女教师得工作33年，才到退休年龄。从理论上说，一个人在大学学习到的专业知识技能，不大可能支撑他站立讲台三十多年；那些知识，也不可能三十多年不过时。如果一名劳动者的技艺永远停留在22岁的水平上，是很可怜的，他所做的工作，新一代机器已能代替他；而一名教师的教育思想和教学艺术定格在22岁这个符号上，则是可怕的，因为在以后的三十多年内，他只能用陈旧的方法向学生教授陈旧的知识。

教师只有比学生更善学，才可能会教。

相比而言，教师的工作很容易走向平庸。2004年课改开始时，很多老教师反对使用新编教科书——这是我们预计之中的，毕竟课改需要他们多付出一些时间理解消化新教材，而他们感到精力不足了；但没有想到的是，一些中年教师也反对，原因是他们认为"刚刚熟悉教学，进入了平衡期"。这是多么古怪的一幕！我从这里进一步体会到的是：课改最大的障碍，就在于一旦具体到教师的专业提升意识，便会出现这种惰性或是职业倦怠。社会对教师职业的各种误解，也在于教师自身没有把教学当作"专业"，需要能力的提升。教师只有比学生善于学习，他才可能会"教"，因而才可能是"师"；也只有比学生更知道需要学习，他的"教"才可能是有价值的。回顾自己的教育经历，一个很重要的精神支撑，就是保持独立思考的习惯。教师在教育教学中要能发现问题，并始终正视问题，重视个人思考的价值。要有"问题意识"。我是个愿意"相信"的人，但我更加尊重事实，希冀发现真相，这就让我不断地发现周围的问题，从课堂，从教科书，从学生的反应，从检测与考核评价，从学校的教育行为……那些年，我对语文教育产生的疑问，日后都成为我的教学与科研的出发点；由此而生的相应的思考，以及为寻找出路所作的探索，对后来从事的语文教科书编写，乃至树立正确的教育观，都起了重要作用。语文教育，延伸到全部的基础教育，究竟有没有规律可循？时下的学科教育为什么经常违反教育常识？目前的考试制度及形式有没有改革的可能？基础教育中，怎样体现"法的精神"？……这些问题，直到现在，我仍然在不停地思考。

教师要善于向一切人学习,包括自己的学生。

教育不能仅仅凭借爱心,也需要智慧。仅仅有对教育的热爱,不一定能胜任教学任务。前年,和一位心脏外科专家交流,说起爱心与智慧的话题,他说:"我不太同意社会的一般看法,我认为智慧比爱心更重要:医术高超,病人的痛苦就少;以儿童心脏手术来说,胸腔打开的时间越短越好;仅仅有爱心,可能不行。"——行医与教学未必是一回事,但他的话也令我深思。对一名富有爱心的教师而言,他可能先得有智慧;行医是"救命",或许是千钧一发,而"教育"将长久地影响人的一生,因而,教师的"术业"可能更重要了。

教师专业发展是一个学习过程,在专业化过程中教师需要借助不断的学习来实现专业的发展,在很大程度上可以说,教师专业化发展意味着其学习的开展。因此,教师专业发展也成为教师学习的逻辑起点。联合国教科文组织指出:教师职业是一种"学习"的职业,从业者在职业生涯中自始至终都要有机会定期更新和补充他们的知识、技能和能力。国外的研究表明:通过学习促进教师专业发展,已经成为教师职业生涯中顺应时代发展,全面提升专业素质的唯一可控手段。学习的过程中,除了你自己,没有任何人可以代劳;通过知识的吸收,加上你不断地反省、思考,化为自己宝贵的经验,这就是智慧的开启之处,也是奠定你一生能够永续成长的真正基础[①]。

[阅读]

纵横交错:教师学习与专业发展的三种理论视野[②]

纵向发展:从新手到专家

一位优秀的教师应具备什么专业特质?迈向专家教师的道路是否有规可循?围绕这些问题,自上世纪80年代起,基于认知心理学和专长发展理论,一系列有关教师教学专长发展的研究出现,它们都假设教师的有效教学取决于特定的专业特质,也存在着从新手到专家的发展规律。对此,季·费尔托维奇和格拉泽等人(Chi. Feltovich & Glaser)在1981年发表的研究颇具启示。通过比较物理学领域专家和新手对问题的识别、判断及解决的差别后,他们指出,专家优异的问题解决能力取决于其对相关问题建立的图式表征,特定领域的知识是图式表征的基础。换句话说,知识的类别、形式、深广度等是决定某领域人群的专长情况的重要特质……

横向发展:从边缘走向中心

如上所述,教师的学习与专业发展不单限于个体能力的提升,还涉及他们与教学工作情境互动而形成的理解,后者很大程度上决定其学习与专业发展的效果及方向。那么,所谓教师教学工作的情境应如何理解?如达林·哈蒙德和理查森(Darling Hammond & Richardson)所述,学校是教师教学工作开展的重要场域,教师的学习和专业发展无时不同他们所处地区教育改革、学校改进、课程与教学实践及学生学业成就相关联。更为重要的是教师工作的人文环境:教师们走到一起彼此间就学校教育和课堂教学实践开展专业对话,进行共同学

---

① 许占权.教师学习研究现状与发展趋势[J].东北师范大学学报:哲学社会科学版,2013(5):201.
② 张晓蕾,黄丽锷.纵横交错:教师学习与专业发展的三种理论视野[J].全球教育展望,2014(4):59—65.

习。此学习经验持续性影响着教师对地区教育改革和学校改进的理解与诠释,进而对其自身专业发展有所引领。为此,情境学习理论及实践社群理论对教师学习及专业发展的理解颇有启示。学习既是教师对自身教学工作的实践情境深入理解的过程;教师们参与同事对话和集体学习活动更对自身工作的人文情境建构新的认识。此外,通过"参与"而学习本身亦是教师身份社会化转换的过程。从这个层面讲,学习涵养了教师专业实践的责任和意识,使之对自身专业文化和实践规范有所体认。学习被视为特定实践情境和学习社群中教师个体身份从边缘参与者向核心成员转换的过程……

纵横交错:边界跨越与杂合发展

如果说从新手至专家的学习和专业发展路径主要依赖的是特定专业人员经过正式课程、培训或在工作中获得的相关专业特质,那么,从边缘走向中心的学习和发展则主要取决于专业实践者(如:教师)自身对其特定情境中专业实践的理解、阐释和运作。当实践被以某种特定方式来理解时,教师的知识与技能也将顺此方式被重释、被发展,同时,教师在不断与实践社群互动中完成社会化转换。但在恩格斯特伦(Engstrom)看来这两种途径都是一种线性发展模式,其假设教师学习的内容与目标业已存在;教师发展的路线与轨道清晰可循。他进一步指出,这种对学习相对固化的认识与当前信息社会愈加迅速的资讯和技术更新、全球化带来愈加丰富的学生来源以及不同国家地区相继兴起的教育改革等现实情境不相契合。我们所面临的真实情况是:学习本身即为一个探索的过程,学习的情境也非固定单一。

对此,文化历史活动理论启发我们在思考教师通过学习以应对变革情境时应从多个维度理解和审视,集中关注教师个体参与群体活动过程中知识、策略和文化的转换与创造,以及发生于不同学习活动系统边界跨越(boundary－crossing)与杂合(hybrid)过程中的学习与转变。具体来讲,教师的学习一方面可视为垂直发展的过程,其间,教师为落实课程改革新的意念在实践中展开探索,并获得知识、认识及能力的提升。另一方面,通过与不同专长领域人员合作形成跨领域的杂合情境并建立关系,通过探索、协商和对话发现解决实践问题的新的线索和连接点,教师的学习也在水平层面得以推进……

教师学习在具备成人学习一般特点的同时,还包含着自身职业的鲜明特征。迈克·富兰在其著作《变革的力量:透视教育改革》中这样生动地写道:"当教师在学校里坐在一起研究学生学习情况的时候,当他们把学生的学业状况和如何教学联系起来的时候,当他们从同事和其他外部优秀经验中获得认识、进一步改进自己教学实践的时候,他们实际上就是处在一个绝对必要的知识创新过程中。"这种知识创新的过程也体现出了教师学习的鲜明职业特征和时代特征,同时,有学者提出了相应的四种教师学习方式。①

(一)以案例为支撑的情境学习

20 世纪 90 年代以来的研究,特别是情境学习理论的研究表明,学习就是情境性的认知,"知什么"和"怎样知"是融为一体的。知识的学习离不开知识运用的情境;离开情境的知识学习,只能是记忆一些没有意义的呆滞知识,不可能和个人经验、现实社会产生联系,因此

---

① 胡庆芳.教师学习的特征[J].上海教育,2005(6):28—30.

也不可能产生迁移和实践运用的效果。所以，基于建构主义的学习观，学习不是获得某种认知符号，而是参与到真实情境中去的活动。

建构主义学家斯皮罗（Spiroet）在 1991 年提出，学习应当分为初级学习和高级学习两种，而传统的教育及培训恰恰是把二者混为一谈，把可以脱离经验的、简单化的、结构良好的知识学习视为唯一的途径。初级学习是一些定义完善的、以语言符号编码的学习，它对学习的要求可以停留在复述和再现的水平，因而通过大量的练习和反馈可以达到熟练的目的。但是对于那些浩瀚如大海的、复杂的、结构不良的、需要能够将新知识灵活地迁移到新的情境中去的高级学习而言，原来单一的语言解释和机械的训练往往显得苍白无力。因此，斯皮罗认为，对于高级学习而言，无论是学校教育还是教师培训，"因为不同的意图，必须在不同的时间，用不同方法创设情境，从不同的角度来多次访问和认识同样的材料。"

各国师资培训的经验也告诉我们，教师的有效学习不是纯概念的识记和新理论的接收，而是在生动、鲜活的案例背景下的情境学习。正是生动而鲜活的案例架起了专家理论话语系统和教师实践话语系统之间的桥梁。

（二）以问题为驱动的行动学习

教师的职业富有挑战性，社会、学校、学生及其家长几乎不约而同地要求教师是全面发展的集大成者。高负荷的日常工作和为了专业发展的学习往往在时间瓶颈面前矛盾重重，所以针对教学实践中的问题进行专业发展性的行动学习，很好地把实践和学习结合了起来，学习成为工作中的一个部分，实践中的诸多问题又在学习中得到解决。因此，教师的学习就是基于问题的行动学习。

教师的行动学习具体包括三个方面的含义：一是学习的目的直接指向教师的教学行为，学习的需要直接来自于教学中的问题。二是教学实践成为学习的资源。教学实践为学习提供生动的素材，学习不断超越自己的教学实践范围。三是教学实践的过程成为学习过程的主要载体，学习在教学实践过程中进行。即教学学习化，学习寓于教学过程之中。教师的行动学习也可以简单地归结为三句话：为改进自己的教学而学习；针对自己的教学问题而学习；在自己的教学过程中学习。

行动学习基于的问题往往是学校管理者及教师在日常教育教学工作中遇到的和亟待解决的实践性问题。这样的问题往往与学校自身的发展以及教师的专业发展息息相关，其现实意义重大。正如前苏联教育家苏霍姆林斯基的精彩评论："教育科学，只有当它去研究和解释那些最细微、最复杂的教育现象之间的相互依赖和相互制约的关系的时候，才会成为一门确定性的科学和真正的科学。"

（三）以共同体为基础的合作学习

在社会建构主义看来，"学习就是知识的社会协商"，学习的过程也就是一种合作和交往的过程。前苏联心理学家维果茨基（LevVygotsky）认为，人类的学习是在人与人之间的交往过程中进行的，是一种社会活动。首先是作为社会合作的活动出现，然后才是个体内部进行的思维活动。学习的本质就是人与人之间的交往，是他人思想和自我见解之间的对话。在曾经很长一段时间里，人们片面地强调知识是对现实世界准确而客观的反映，以及学习是学习者个体内部心理加工的过程,所以得出学习完全是个人行为的狭隘结论。这有悖于人及其知识的社会性质。正如弗莱尔所言:"藐视团队合作而独自行动无疑是自杀的最好方式。"

作为一个职能共同体,不同的教师之间在知识结构、智慧水平、思维方式、认知风格等诸多方面都存在着差异。即使是任教同一学科的教师,在教学内容的处理、教学方法的选择、教学情境的创设等许多方面也可以说尽显个人风采。这是因为每一位教师都是以自己的经验为背景来建构对事物的理解,所以,理解到的只是事物的不同方面,不存在某个人对事物唯一正确的理解。正是在这个意义上,每一位教师都要超越自己的理解,看到别人与自己的不同理解和别人看到的事物的另外的方面,从而形成更为丰富和更趋近事物全貌的见解。于是,每一位教师的差异就是教学资源,差异就是合作学习的动力和源泉。有研究表明,教师教学的新观念最多地是从自己的同伴那里学来的。在合作氛围浓厚的学校,90%的教师这样认为;在合作氛围淡薄的学校,教学的思想状态总体上往往停滞不前。

教师基于群体的合作学习概括为以下三种类型:指导型的合作学习:校外专家、教研员、学科带头人对教师的指导;表现型的合作学习:开公开课、教学成果展示、读书汇报会等;研究型的合作学习:专题讨论、课题研究等。

[活动]阅读下列这则培训中经常使用的一个关于七个小矮人的故事,小组内分享体会,并由一个人汇报本组分享情况。

七个小矮人的故事

在古希腊时期的塞浦路斯,曾经有一座城堡里关着一群小矮人。传说他们是因为受到了可怕咒语的诅咒,而被关到这个与世隔绝的地方。他们找不到任何人可以求助,没有粮食,没有水,七个小矮人越来越绝望。小矮人们没有想到,这是神灵对他们的考验,关于团结、智慧、知识、合作的考验。神灵希望经过这次考验,小矮人们能悟出以下道理:资讯不代表知识;分享、沟涌与行动是将知识转化为成果的关键;知识通过有效的管理,最终将变成生产力。

小矮人中,阿基米德是第一个收到守护神雅典娜托梦的。雅典娜告诉他,在这个城堡里,除了他们呆的那间阴湿的储藏室以外,其他的 25 个房间里,有 1 个房间里有一些蜂蜜和水,够他们维持一段时间;而在另外的 24 个房间里有石头,其中有 240 个玫瑰红的灵石,收集到这 240 块灵石,并把它们排成一个圈的形状,可怕的咒语就会解除,他们就能逃离厄运,重归自己的家园。

第二天,阿基米德迫不及待地把这个梦告诉了其他的六个伙伴,其他四个人都不愿意相信,只有爱丽丝和苏格拉底愿意和他一起去努力。开始的几天里,爱丽丝想先去找些木柴生火,这样既能取暖又能让房间里有些光线;苏格拉底想先去找那个有食物的房间;而阿基米德想快点把 240 块灵石找齐,好快点让咒语解除;三个人无法统一意见,于是决定各找各的。但几天下来,三个人都没有成果,倒是耗得筋疲力尽了,更让其他的四个人取笑不已。但是三个人没有放弃,失败让他们意识到应该团结起来。他们决定,先找火种,再找吃的,最后大家一起找灵石。这是个灵验的方法,三个人很快在左边第二个房间里找到了大量的蜂蜜和水。显而易见,一个共同而明确的目标,对于任何团队来说都非常重要。

在经过了几天的饥饿之后,他们狼吞虎咽了一番,然后带了许多分给特洛伊、安吉拉、亚里士多德和梅丽沙。温饱的希望改变了其他四个人的想法,他们后悔自己开始时的愚蠢,并主动要求要和阿基米德他们一同寻找灵石,解除那可恨的咒语。小矮人们从这件事中,发现了一个让它们终生受益的道理:知识不过是一种工具,只有通过人与人之间沟通、互补,才能发挥它的全部能量。

为了提高效率,阿基米德决定把七个人兵分两路:原来三个人,继续从左边找,而特洛伊等四人则从右边找。但问题很快就出来了,由于前三天一直都坐在原地,特洛伊等四人根本没有任何的方向感,城堡对他们来说像个迷宫,他们几乎就是在原地打转。阿基米德果断地重新分配,爱丽丝和苏格拉底各带一人,用自己的诀窍和经验指导他们慢慢地熟悉城堡。喜爱思考的阿基米德又明白了:经验也是一种生产力,通过在团体中的共享,可以产生意想不到的效果。

当然,事情并不如想象中那么顺利,先是苏格拉底和特洛伊那组,他们总是嫌其他两个组太慢;后来,当过花农的梅丽莎发现,大家找来的石头里大部分都不是玫瑰红的;最后由于地形不熟,大家经常日复一日地在同一个房间里找灵石。大家的信心又开始慢慢丧失。小矮人们都没有注意到一个问题:阻力来自于不信任和非正常干扰。阿基米德非常着急。这天傍晚,他把7个人都召集在一起,商量办法。可是,交流会刚开始,就变成了相互指责的批判会。性子急的苏格拉底先开口:"你们怎么回事,一天只能找到两三个有石头的房间?""那么多房间,门上又没有写哪个是有石头的,哪个是没有的,当然会找很长时间了!"爱丽丝答到。"难道你们没有注意到,门锁是上孔的都是没有的,门锁是十字型的都是有石头的吗?"苏格拉底反问到。"干吗不早说呢? 害得我们做了那么多无用功。"其他人听到这儿,似乎有点生气……

经过交流,大家才发现,原来他们有些人可能找准房间很快,但可能在房间里找到的石头都是错的;而那些找得非常准的人,往往又速度太慢。其实,这个道理非常简单:具有专业素质的人才很关键。于是,在爱丽丝的提议下,大家决定每天开一次会,交流经验和窍门,然后,把很有用的那些都抄在能照到亮光的墙上,提醒大家,省得再去走弯路。这面墙上的第一条经验就是:将我们宝贵的经验与更多的伙伴们分享,我们才有可能最快地走出困境。

在七个人的通力协作下,他们终于找齐了所有的240块灵石,但就在这时苏格拉底停止了呼吸。大家在极度的震惊和恐惧之余,火种突然又灭了。没有火种,就没有光线,没有光线,大家就根本没有办法把石头排成一个圈。本以为是件简单的事,大家都纷纷的来帮忙生火,哪知道,六个人费了半天的劲,还是无法生火——以前生火的事都是苏格拉底干的。寒冷、黑暗和恐惧再一次向小矮人们袭来,灰暗的情绪波及到了每一个人,阿基米德非常后悔当初没有向苏格拉底学习生火,他又悟出了一个道理:在一个团队里,不能让核心技术只掌握在一个人手里。

在神灵的眷顾下,最终,火还是被生起来了。小矮人们胜利了,胜利的法宝无疑就是:知识通过有效的管理,最终将变成生产力。

[活动]1.小组集体备课《乌鸦喝水》;

2.模拟教学;

3.讨论分享体会。

(四)基于实践经验的反思学习

在过去,无论是教师的学习还是对教师的培训,总隐含着这样一个前提,即教师的教学以及课程的改革成败关键在于教师是否掌握了一种好的理念、一套好的方法以及一系列行之有效的诀窍。因此,教师的学习和对教师的培训都是推崇"理论指导实践"的价值取向。"教师即反思性实践者"的论断指出,这实际上是一种误导,因为教师从根本上不是他人观念的储蓄桶,无论这种观念多么正确与科学,都必然要经过教师反思的检验。也就是说,他们的学习是反思性的学习,而不是全纳性的填充,并且教师在反思性检验的过程中,自身的经验也不断得到丰富、修正和完善,从而为今后新知识新理论的检验提供强有力的支持。

布鲁克菲德这样评论没有反思的情形:"如果不进行批判和反思,我们生活在当今也无异于生活在过去的牢笼里。如果不进行批判和反思,就会总是认为事情的对与错、是与非应当由专家说了算。于是,我们就永远只能从别人那里明白做任何事的意义,于是任何时候的教学都是在实现别人的思想。"

需要说明的一点是,从奉行专家提出的理论转向教师基于经验的反思学习,不只是个别人对教师发展的良好的愿望,也不旨在对专家理论研究的轻视,而是教师的工作性质决定了只有教师自身的研究和反思才能触及教学实践的本身,这是植根于对教师教学实践的性质和对教师实践智慧的深刻理解与重视提出的,促进教师专业发展的途径与策略,是对教师专业角色的重新认识和科学定位。

因此,我们得出这样的结论:教师不再是匍匐在教育理论脚下唯唯诺诺的侍者,而是用批判性的、审视的目光检验理论的法官。与其说是"理论首先指导实践",不如说"实践首先鉴别理论的真伪"。正如歌德的一句名言:"理论是灰色的,生命之树常青。"正是在这个意义上,我们说,经验加反思是教师学习的法宝,同时也是教师专业发展的必由之路。

[链接]

在《听窦桂梅老师讲课》一书中的自序"绽放,在公开课的舞台上"中,她说道:"上公开课,就像家中来客必定要洒扫庭院、准备盛宴一样,其中有准备的紧张,更有展示的兴奋……就是在一次次的紧张和兴奋中,我逐渐克服了曾经的率性而为,开始精密计算40分钟的使用频率。整顿衣裳起敛容,这的确辛苦,但我的课堂,却在不断的'整顿''敛容'中变得干净漂亮。"

在《晏子使楚》公开课的自我反思中,她写到:"怎样才能提高教学效率,怎样才能让语文课有自己的特色? 我认为,要建构三个维度:温度、深度、广度……如果说温度是人的血液,那么广度就是人的骨肉,深度则是人的神经。没有骨肉,人无法立起来;没有神经,人就无法活下去。要让孩子思考得更加深入,才能让孩子的思维动起来。所以,老师一定要找到扩展的料。料备好了,哪些菜可以放到里头,就需要我们教师去琢磨。这样才能做到有的放矢,才能使我们的孩子把知识真正学到手。教师应静下心来思考一节课要走向哪里。"

"《晏子使楚》这篇课文的意义,我个人认为在于'尊重'二字,为什么没有抓'智慧'呢?如果你把《晏子使楚》看明白了,你会发现智慧是个中性词,看你怎么用。晏子伺候了两代皇室,今人看来,有的智慧用的是对的,有些要辩证分析,所以,我抓'尊重'。而且这个尊重就在教材里——'楚王不敢不尊重晏子',尊重就在里面。我说的这个意思就是,要把深度的点定准了，而且，这个深度要适合学生，要循序渐进。尊重是个引子，尊重是个题眼，但尊重可以引发孩子更多的思考，如对于外交官，对于历史学家的话语，都为学生提供了一个思考的平台。这堂课不统一学生的观点，那也是对于学生的尊重。走到一个环节，来促进学生思考，让思考走向更深远的地方。在对尊重的深化讨论中，我抓的是国家的尊重。国家的尊重需要什么？和人一样，也需要内在和外在两方面因素。我要抓的是国家和个人的关系。拿出历史学家的话，意在说明个人和国家是什么关系：一个人的智慧代表不了国家的智慧。这样的观点打破了像参考书结论中的那些观点。应该说，那只能是一次外交中获得的一时尊重。我们知道，穿越历史的长河，最后齐国和楚国都被灭掉了。所以苏洵说：战不善，非兵不利，弊在赂秦。没有实力，谈什么尊重。"

>> 下 编

方 法 篇

第七章

班主任工作技巧

如果一个孩子生活在批评中，他就学会了谴责。

如果一个孩子生活在敌意中，他就学会了争斗。

如果一个孩子生活在恐惧中，他就学会了忧虑。

如果一个孩子生活在怜悯中，他就学会了自责。

如果一个孩子生活在讽刺中，他就学会了害羞。

如果一个孩子生活在嫉妒中，他就学会了嫉妒。

如果一个孩子生活在耻辱中，他就会有一种负罪感。

如果一个孩子生活在鼓励中，他就学会了自信。

如果一个孩子生活在忍耐中，他就学会了耐心。

如果一个孩子生活在表扬中，他就学会了感激。

如果一个孩子生活在接受中，他就学会了爱。

如果一个孩子生活在承认中，他的生活中就有了目标。

如果一个孩子生活在分享中，他就学会了慷慨。

如果一个孩子生活在诚实正直中，他就会觉得生活有真理和公正。

如果一个孩子生活在安全中，他就会相信自己。

如果一个孩子生活在真诚中，他就会有头脑，平等地生活。

——《学习的革命》

第一节　班集体的组织结构和创建策略

班主任作为班级的"主任级"教师，承担着对整个班级全面负责的重任。班主任是班集体的组织者、教育者、协调者，是学生身心健康发展的辅导者。他们既要面对学生个体，又要面对学生集体展开各类教育活动。因而，班主任工作比一般任课教师更全面、具体、细致，在思想、学习、生活等方面给学生的影响最直接。然而，优秀的教师不一定是优秀的班主任。除了具备教师的智能结构，班主任还因其工作的特殊性，应积极培养班主任工作中的各类技巧。

[链接]

创建优秀班集体的妙方①

"教育之没有情感,没有爱,如同池塘没有水一样,没有水,就不称其为池塘,没有爱也就没有教育。"实践证明:爱是教育的前提。在一个班集体中,班主任能"以爱动其心,以爱导其行。""以爱育爱,以心换心。"自然而然地学生也会爱教师,爱他人,从而创建一个充满温馨、充满爱的班集体。我多年的工作体会就是:"只要用心去浇灌,铁树也会开花",当然也会收到良好的育人效果。

一、"给"差生一个微笑

"讲起话来温温婉婉,微笑起来甜甜蜜蜜"(艾迪生),教师的微笑是"最美的花朵"。而在现实生活中,"最美的花朵"是否对每一个学生绽放呢? 看来是不尽然,老师们总是自然和不自然的喜欢学习成绩优异、循规蹈矩的学生,而对那些成绩差、又喜欢违纪的学生产生厌烦情绪,因而就不自觉地板起面孔,收起了微笑。殊不知,你越厌烦,他会离你越远,你将会失去很多的教育机会。

记得九六级有一位女同学,学习成绩较差,同学关系处理的不太融洽,经常和同学吵架。经过多方面的了解后,我微笑着找她谈了一次话。我告诉她:"老师认为你是位聪明能干的女孩。"又说:"你母亲早逝你能生活自理。虽然学校离你家较远你却从不迟到,父亲工作忙无法照顾你,你却既能照顾自己又能照顾家人,真是个了不起的孩子!"而后又告诉她,她的缺点是可以改正的,只要自己有信心。谈话后,她的缺点慢慢改了许多,又多次给她辅导,成绩大幅度提高,初中毕业以全校第三名的成绩升入了重点高中。

由此,教师不是法官,不必把学生的过失记得一清二楚,应该理解学生,"理解是为了宽恕,理解一切也就是为了宽恕一切"。(史达尔)如果你不想让学生觉得你"偏心",那么,微笑吧,面对每一个学生,尤其是差生。微笑将会把你和学生的距离拉得更近。

二、"给"自卑者一剂兴奋剂

班级中有些学生由于学习基础差,考试成绩低,在思想行为表现上要么不思进取、自卑怯弱;要么自暴自弃、违法违纪。针对这种情况,我主要运用了树立信心,消除自卑感,"有口皆碑的人的赞扬最能鼓舞低弱的情绪",启动好学生上进的内因。

每当接受新的班级,我首先告诉学生衡量一个人是否为一个健全的人的标准并不单看他的知识量的多少,以前考了多少分,在同学中的名次怎样,而是要看他是否具有一个健全人的多种素质和能力,例如自信心、上进心、判断能力、自我约束力等。根据掌握的情况述说每个学生的优点和长处。此外,还利用班会和同学们共同制定班训,作为同学们的行为准则。如同学们提出:"团结、勤学、上进""文明守纪,好学进取""班兴我荣,班衰我耻"等许多格言,最后确定"集体要因为有了你而光荣,不要因为有了你而耻辱"为我们的班训,这样同学们不仅树立了信心,也增强了班级荣誉感。

---

① http://www.ht88.com/article/article_17381_1.html

三、"给"转变者一份信任

一个班级内,常常会存在不少的"困难户",他们只是因为某些原因发展滞后,他们不是一无是处,他们的优点常常被掩盖。教师要善于发现他们的闪光点,促使他们的闪光点更闪光,逐渐改掉身上的缺点。相信他们能做好,"人与人之间的最大信任是关于进言的信任"(培根)。

曾经有一名学生,上课不是睡觉就是讲话,自我控制能力极差。经过多次的谈话后有明显的好转。在转化中发现他也有不少的优点,比如号召力强,体育成绩好。为此,给予他充分的信任,让他担任班干部,并身兼两职——体育委员和生活委员。他当上班干部后认真负责,每天的卫生安排得井然有序,组织的两操被学校树为典范。在今年的春运会中,他一人为班级争得了三项第一,同时班级代表队被评为文明代表队。由此得知"信任出真诚"。

四、"给"奋斗者一份力量

在一个班级中,总会有不少的奋斗者,他们或挑灯苦读,或在赛场上挥汗如雨。这时,班主任的一句问候,一声鼓励,将会给他们力量,使之更加奋斗向前,因为"力量是毕生的乐趣"。

在学习上,有的奋斗者取得了好的成绩,给以表扬。而还有一些学生,由于学生成绩差,知识有缺漏,他们常常很努力,却仍然得不到丰硕成果,对于这类同学除了给予最真诚的赞扬外,还要帮助他们找到得不到应有成果的原因。找到原因后,他们信心倍增,学习积极性更高了。

每当学校组织竞赛活动,我都会为参加者叫一声"加油"。作文竞赛,奖优胜者一叠稿纸,让他们继续努力。英语竞赛获奖了,赠给优胜者一盒磁带,让他练习听力。运动会得奖了,亲自为刚从运动场上下来的学生送上一杯水。跑道边上和同学们一道喊"加油"。学生高兴我高兴,学生叹息我叹息。学生感到老师与他们同呼吸共命运,更尊重老师了,老师的话也更有号召力了。

五、"给"成功者一个赞语

"重视赞美你的人的价值,不被坏人称赞才是真正的价值。"每当学生获得荣誉时,我都会称赞他们。例如:我班学生王丽的《春梦》一文在《作文报》上发表时,我在她的作文本上写下赞语:"欣见报纸刊杰作,小试文笔展才华。"该生看到赞语后,非常高兴,学习语文的劲头更足了,中考语文得了117分。无论学生在哪些方面取得成功,我都会发自内心的称赞,给予最真诚的赞语。让我们伴随着新课程改革强劲步伐,千方百计地理解、信任、尊重、体贴学生,突出学生的主体地位,创建一个个充满爱的优秀班集体吧!

一、班集体的组织结构

实施对班级的有效管理,组织结构的落实是必不可少的。好的班级组织结构,将有利于班级整体合力的形成,有利于班级管理中各项措施的落实。中小学班集体的构成大致如图7-1所示。

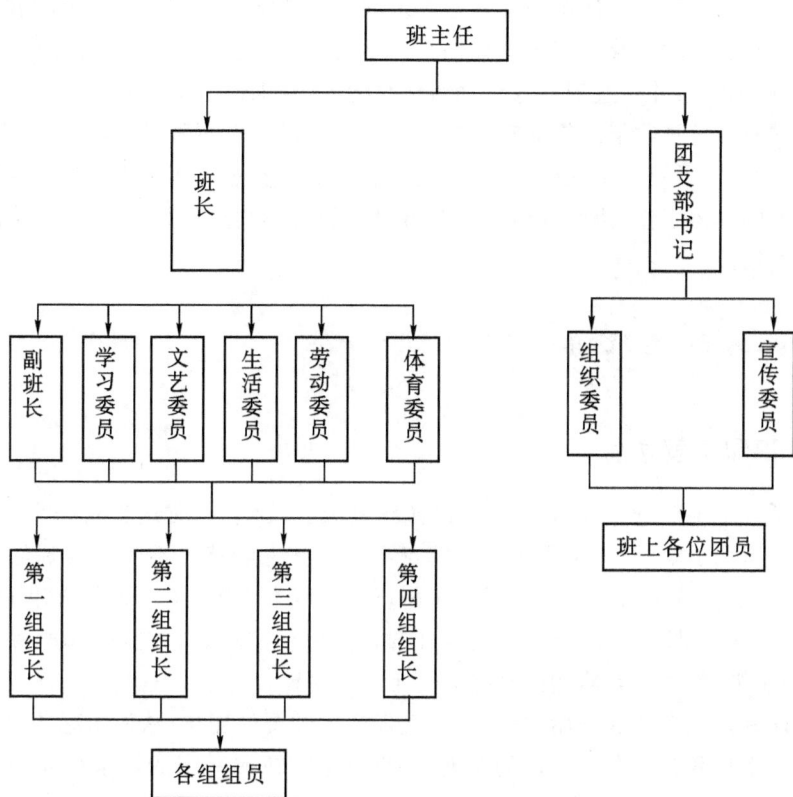

图 7-1　中小学班集体的组织结构

[活动]小组讨论:班干部队伍中的各个角色应如何创造性且有效地完成哪些具体的工作,从而使班级的各项工作可以做得更好?

(1)班长:班主任不在时,代表班主任负责班级所有事务,及时收集、反映学生学习中存在的问题,及时与班主任保持联系,上情下达,下情上传,维护班风、学风建设,重点负责教室课堂、自习的纪律。上课时喊起立、坐下,负责记录班级日志(小学的中队长一般都是由班长兼任,帮助老师负责少先队工作)。

(2)团支部书记:负责团委的工作和团费的收缴,组织学校团委开展的活动等。

(3)副班长:协助班长抓好各项工作。

(4)学习委员:主动做好围绕学习开展的各项工作,协助教师搞好教学工作,带领各科科代表做好工作,在科代表生病时,完成科代表的工作。

(5)体育委员:负责早操、课间操和体育课的领队工作,负责协调组织学校的体育比赛,如运动会、篮球赛、越野赛、跳绳比赛、乒乓球赛等。

(6)生活委员:负责平日及大扫除的卫生工作,主要是检查、督促、把关工作,发现问题及时组织同学清扫,并负责平时的信件报刊的收取和发放。

(7)文娱委员:组织并带领班级同学积极参加各项文娱活动。保管班上的文娱活动器材和道具。指挥唱歌,编排节目。

(8)劳动委员：协助班主任组织并领导本班同学参加学校安排的公益劳动和好人好事活动，大扫除等；每次劳动后及时向班主任汇报同学的劳动情况（劳动态度、劳动任务、完成情况、同学违纪情况等），并检查记载好劳动情况登记表，期末送班主任老师。

(9)宣传委员：负责收集班级活动素材，负责办黑板报、更新班级主页。

(10)组织委员：了解和掌握少先队或共青团组织状况，检查和督促开展组织生活，做好干部换届选举的具体工作；协助宣传委员开展思想教育、纪律教育，并对先进模范事迹提出表彰或奖励建议。

二、班集体的创建策略

(一)认识和了解学生

认识和了解学生是班主任教育学生和管理班级的基础，同时这也是一个长期的过程。由浅入深地认识和了解学生，将班级整体特点和每个学生的特点不断充实到你的记忆方格中去，这样你的工作就轻松一半了。只有了解班级的基本情况，你才能有应对任何事件的思想准备，才能为你本期工作的开展制定良好的切实可行的计划，才能把你所带的班带出特色，带成优秀班级，为学生素质的全面提高打下初步基础。

小学阶段是正规入学的开始，其生活环境发生了重要的变化，从而引起儿童心理的变化和发展。小学生自我意识有了一定的发展，逐步学会能按照一定的要求独立评价自己的言行，同时儿童自我意识的发展常常受外界因素影响，如教师和家长对小学生活动的适时评价以及教师家长自身言行的影响。所以他们在学校喜欢围着老师转，在家里千方百计引起父母的关注，会向老师和家长讲述自己的事情，因为父母和老师对他们的态度和评价非常重要。小学生思维的主要特点，是以具体形象思维为主，并逐步过渡到以抽象逻辑思维为主，但他们的抽象逻辑思维在很大程度上仍然直接与感性经验相联系。他们对需要运用到眼睛、耳朵，运动手、脚的活动是非常感兴趣的。同时，小学生的道德意识开始发展起来，逐步能够理解和掌握社会道德原则，并能用来评价自己和别人的行为。许多调查表明，对于既定的规则和道德规范，小学生的实践程度最高。

初中阶段是学生个体由不成熟的童年走向成熟人生的开始，在生理和心理上都发生着急剧的变化。初中阶段是学生在生理发展上走向性成熟的开始阶段，在心理上半幼稚、半成熟，其独立性和依赖性、自觉性和幼稚性相互交错矛盾。初中学生在学习态度和学习能力上会出现较明显的个体差异，在学习和道德品质上，都会出现明显的分化。初中学生的自我意识进一步加强，学生的创造性开始凸现出来，在心理上初中学生渴望得到成人的信任和尊重、承认与支持，也很重视成人对他的评价，重视自己在家庭和班级中的地位。在道德发展方面，初中学生的道德观念开始形成，有时还会"苦恼"某些世界观的问题。

高中阶段一般是进入青年期的开始，学生在生理和心理上接近成熟，有了高级的情感和心理需要，思维的独立性和批判性增强。高中生富有理想，开始进行各种各样的人生设想，但常常脱离现实条件；富有热情，但常常不能坚持正确的认识；出现偏激情绪；开始谋求新的社会地位并使其巩固，但是与社会条件相协调的感受力、观察力、思考力和行动力还比较欠缺,有时其挫败感会在心理的更深层次上对他们产生负面影响。高中学生对成人过多的嘱咐和干涉很反感,喜欢独立发表意见和施展才华,能够抽象地、辩证地、合理地分析和解决问题。[①]

(二)选拔和培养班干部

创建良好的班集体,首先要培养和选拔班干部。优秀的班干部队伍不仅是班主任工作的有力助手,同时也能带领全班同学在学习、生活等各方面全面发展。

(1)预先了解。开学时,班主任老师接手新班就应当有意识去了解学生,发现一些有一定工作能力而又热心班务、做事认真的积极分子。如果是中途接班,则可以先把原有班干部召集起来,让他们把自己上学期的工作和学习情况在班会上作一次小结。这样,老师可以了解原班干部的情况,为组建新的班干部队伍或建设好原有班干部队伍做好准备。

(2)宣布职责。要向学生申明担任班委的职责和任务,使学生明确班干部的工作内容和原则。鼓励每位同学为新班干部团体的建立做好准备。

(3)准备竞选。选拔班干部时,一般采用鼓励学生自荐的方法。较高年级的班级则可以鼓励参选同学写一篇“竞选宣言”,说说各自的优势和竞选上班委后怎么开展工作,如果落选了自己又会怎样对待等等。然后是全班同学投票,选出班干部。

(4)明确分工。班干部选出来以后,就要马上召开新一届学生干部会。把要求明确告知每一位干部。在小学生中,还常需要教师对班干部进行分工。因此教师要仔细观察,再分别找入选者谈话,进一步了解每个入选学生的特点和特长,进行合理分工,如:性格活泼开朗、肯说肯干的当班长。年龄较大的青少年会根据自己的兴趣爱好参加选举,因此教师要特别注意培养他们的组织管理能力,理清工作思路,熟练工作技能。

班干部选拔出来以后,班主任大量的工作便是培养、指导和提高班干部独立工作的能力。班主任可以通过各种主题活动来锻炼他们的工作能力,增强工作热情。此外,也要对班干部进行个别辅导,处理好学习和工作之间的关系,积极支持和鼓励班干部开展学校和班级内部的各项工作,打造一支高效率的班干部队伍。

[阅读]

如何培养小干部[②]

走在班主任的队伍中,经常有人把班主任、班干部及学生三者之间的关系比做伞柄、支架和布。一个再好的伞柄如果没有支架的支撑是无论如何也撑不起一片天空的。可是自己以前对此的认识却没有那样深刻,走进一年级教室,才深深地感到小干部培养的重要。那么,如何才能培养这样一支高效率的班干部队伍呢?

诀窍一:信任,给孩子舞台

一、二年级的孩子纯洁、自信,每个孩子都充满热情和渴望。所以在学生的倡议下,我决定让学生人人有岗位,个个是干部。

---

① 易连云.班主任工作[M].重庆:重庆出版社,2006:8.
② http://www.teacherclub.com.cn/tresearch/a/1974037698cid00001

在岗位确定时，同学们热情很高，每个岗位都有好几个人竞争。据此，班级又设定了值日班长轮换制。而一旦确定了值日班长，就要放手让他们去开展工作，去管理班级，不能事事代劳（当然可以提供一定的咨询）。没有做过班干部的学生需要这样一个自由发展的空间来表现自己，在工作中发现自己的成功之处和不足之处，从而逐渐改进，提高能力。

特别令我满意的是我们班值日班长的轮流制度不是学生选举也不是班主任任命，而是承传古代的"禅让制"，由上任值日班长托付给他认为值得他信任的同学。这样，在诚信机制的控制下，本着对班级负责、对同学负责的善心，孩子们的积极性空前提高，争取自己能早日得到别人的信任，当上名副其实的班干部。整个班级的学风、班风都得到自发性的提高。

诀窍二：鼓励，送孩子自信

小干部毕竟还是"小"，他们开始时热情很高涨，但对一件事的注意力和兴趣不能持久，教师要不断地想办法去激励他们。

我从有一定班主任经验的老师那儿学到了鼓励学生的方法来培养班干部。在开展工作之初反复激励他们，让小干部保持一种工作的热情，并逐渐学会工作。这一方法对从未做过班干部的学生非常管用。我们班的几个得力小将聂紫萱、王政龙等同学基本都是从这条路上起步成为出色的班干部的。

但长期使用这个方法，我发现并不是很得心应手，究其原因，主要是自己在时间和场合上把握得不够好。经常在公共场合鼓励、表扬班干部虽然可以激励班干部的斗志，但是无意中也会引起另外一部分学生的不满情绪，认为老师过分夸大班干部的作用。那么教师就要由公开场合逐渐变为"地下工作者"，等这个同学在地下受到鼓励的催化，整个状态得到基本提升后，再在公开场合进行表扬，这样更加确立了班干部在同学心目中的地位。

诀窍三：鞭策，让孩子平等

"响鼓更需重槌敲"，班干部不仅有管理作用，还要有榜样作用。所以对班干部应该严格要求，特别是班干部犯了错误，或与同学发生矛盾时，班主任要一视同仁，要强化班干部的服务意识，要求班干部对同学"一视同仁"。

一次，班上的张超翔在常识课上，不小心将前桌同学的裤腿勾了下来。潘一峰同学就和几个同学起哄，一直说他是大色狼。班长异常气愤，仗着自己人高马大，把同学一顿好打。两个孩子都哭丧着脸来到我这儿评理。听完事情的经过，我把王政龙同学狠狠地批评了一顿，并要求他在班级做检讨。当他做完检讨后，我才扶住他的肩膀告诉全班同学：做了错事能改正的班长才是我们真正的好班长，我们相信我们的班长绝对不会犯同样的错误。同时，我有针对性地对起哄的同学进行严厉地批评，让他们知道班长做得并没有错，而是用了过激的方法。孩子们看在眼里，记在心里，明辨了是非。班长知道自己永远和别人是平等的，甚至要比一般的同学想得更加周全。

诀窍四：方法，扶孩子管理

低段孩子的特点是热情高涨，遇到挫折的时候却很容易沮丧。这个时候班主任应该指出一条明路，教他们一些工作方法和技巧，扶着他们走好班级管理的每一步。

班干部管理班级的关键是抓好"第一次"。一个新的班集体组成以后，对于新产生的小干部来说，会遇到一连串的第一次——第一次组织早读，第一次带领学生劳动，第一次组织课外活动等。在"第一次"前,班主任要耐心指导,手把手地教。年级越低,越要细心指导。如:第一次早读,班主任要告诉班长提前准备早读的内容,提前十分钟到校,先将早读的内容和要求抄写在黑板上。等同学们陆续到校后组织上早读,个别同学学习有问题要耐心解答,对纪律有问题的同学要先暗示,后提醒,尽量不发生冲突。早读结束后要进行小结。班干部有了一些工作实践经验以后,班主任可在各种具体工作之前,请小干部提前设想,提前安排,自己充当参谋。如,班里组织大扫除,班主任先请班干部谈谈具体想法,有没有第二个方案?……经过班主任这样的耐心引导,班干部会逐渐成熟起来。班干部有了一定的工作能力后,班主任应放手让他们大胆地工作。当然对于低段孩子来说放开手让孩子管理班级并不是撒手不管,班主任可定期召开班干部例会让班干部互相交流经验,开展批评和自我批评。班主任要大力表扬敢于管理、独当一面的干部,在班干部中形成比、学、赶、帮、超的局面。

"一分耕耘,一分收获",只要用心去做,我想我们都会摸索出更多培养小干部的好方法,让班级管理井井有条,让班主任每天都能微笑。

[讨论]要建设好班干部队伍,班主任应该做哪些具体的工作?

(三)确立班级共同的奋斗目标

一个好的班集体的主要特征,在于它有共同的奋斗目标和共同的活动,没有共同的奋斗目标和共同的活动,集体便不存在。因为,班集体是在全班学生的共同活动中,为着一个共同目标的实现而在奋斗中逐渐形成起来的,也只有在共同的集体活动中才能表现出集体的精神。因此,要善于从本班的实际出发,不断提出富有鼓舞力量的前进方向和新的任务,使班集体的活动一个接着一个地展开,永远处于运动之中。这样就能使学生产生共同的热情、一致前进的愿望,鼓励学生为实现既定目标努力。

马卡连柯说:"一切毛病都是出于停滞,在集体生活中是不允许停滞的。"可见,他非常重视不断向集体提出奋斗目标的教育,而且把它叫做"远景教育"。他说:"人的生活的真正刺激是明天的快乐,培养人,就是培养他对前途的希望。"他还认为,"在教育中,这种明天的快乐就是目前重要的工作对象之一。"我们在班主任工作中也体会到,向班集体提出长远的奋斗目标,进行理想前途教育,这对于培养学生热爱集体的感情和维护集体利益的责任感是必需的。因为共同的目标最能激发学生共同的感情,统一共同步伐。但是,未来是从今天开始的,我们必须从小刻苦学习,不断提高思想觉悟,学会为人民服务的本领。因为今天的学习和明天劳动战斗的好坏是有密切关系的。

[活动]小组讨论:自定班级年龄段,设计一段话,作为班级的奋斗目标。

(四)加强集体舆论的引导

集体舆论就是在集体中占优势,为多数人所赞同的言论和意见。它以议论、褒贬等形式肯定或否定集体的动向和集体成员的言行,成为影响个人发展的一种力量,是集体成员自我教育的一种手段。正确舆论的树立与否,是衡量班集体是否形成的重要标志之一。它以一种无形的力量帮助班主任教育学生,对个别学生的影响往往比教师个人力量大得多,也有效得多。一个班有了正确的舆论,就能明辨是非,提倡和支持正确的东西,批评和抵制不正确的东西,使班集体沿着正确的方向前进,就能使班集体更加团结,更加朝气蓬勃,更能帮助它的每一个成员健康成长。因此,优秀的班主任总是用很大的精力来抓树立正确的集体舆论的工作。经常组织学生评论周围发生的事情,既评论好事,又评论坏事。好在哪里?不好又是为什么?使他们分清是非,以便形成正确的观念。但应注意班里学生的舆论倾向。要形成正确的舆论,必须教育学生学习运用表扬和批评的方法,表扬好人好事好思想,坚持原则,维护正确的东西;同时也要批评或评论不好的和坏的思想,抵制歪风邪气,这对形成正确的舆论有重要的作用。通过对学生思想行为的肯定或否定的评价,以及为什么要肯定或否定,把舆论中心引导到正确的方向上来。班集体里涌现出来的好人、好事,不论大小,是"好"学生做的还是后进学生做的都应及时给予表扬,这样就会逐渐形成人人想做好事,争做好事的风气。

马卡连柯说:"儿童集体里的舆论力量,完全是一种物质的,实际上可以感触到的教育因素。"正确的集体舆论,是培养学生自己教育自己的好方法,对促进学生的健康成长有着重大的作用。正确的集体舆论是在集体中逐渐形成的。班主任要通过宣讲学校工作条例、学生守则和规章制度进行教育,讲革命传统,指导学生阅读政治书刊和文学艺术作品,帮助学生正确处理个人与集体、民主和集中的关系,掌握是非标准,用集体主义思想教育学生关心集体,树立集体荣誉感。在形成集体舆论过程中,最重要的是培养学生对集体具有高度责任感,使学生明白不仅从集体中得到温暖和力量,而且应该把自己与集体紧密地联系在一起。

第二节 班级文化建设的理念和方法

班级文化是一个班级的灵魂,班级文化建设是每个班主任需要思考的问题和工作的努力方向。建设班级文化,就应以"文化"为切入点,以文化育人、感染人、熏陶人。文化本身是一个内涵丰富、外延广阔的词语。就班级文化而言,集中的体现在班级的精神文化、制度文化和物质文化。因此,创建班级文化的过程中我们应该从以上三种文化类型入手。

一、班级的精神文化:建立良好的班风

班风是一个班级的形象与特点,是巩固和发展班集体的必要条件,是班集体形成的综合标志。班风又是一种集体教育的力量,可以在班级成员中产生无形的引导作用,不好的班风会使学生受到不健康风气的熏染而消极不思进取,集体涣散;良好的班风能给学生营造有利于学习和生活的环境,能使学生精神振奋,班级凝聚力强,让学生在其中相互鼓励,相互监督,自觉自愿地向着积极的方向发展。

班风是班级的日常规范、学风、班级凝聚力、班级文化等的综合体现。良好班风的营造需要有明确的集体目标、正确的集体舆论、健全的班级组织管理制度及其运行机制和积极向上的班级文化。良好班风的营造是一项持续、连贯、细致、长期、复杂的工作,是长期教育和师生通力合作的结果。

二、班级的制度文化:创建良好的班规

不以规矩,无以成方圆。如果你是新手班主任,对班级的管理还处于无头绪的状态,那么你应做的第一件事就是同学生商定班规。班规是一个班的规章制度,好的班规可以帮助学生成长,使班级良好地运作,没有班规或者有班规不能执行,都会使学生形成不良的思想观念和行为习惯。因此,新学年开始一定要及时制定班规,主要概括出学生的日常行为规范和班级在行为规范上的突出问题,再结合一套合理有效的奖惩制度,以取得良好的班级教育管理效果。

[链接]

小学班规范例

一、二年级:

班训:学习好,习惯好。

班规:铃声响,教室静;学具齐,坐姿正。

　　　坐得住,爱思考;敢发言,作业好。

　　　讲真诚,不说谎;讲谦让,不打闹。

　　　不挑食,不剩饭;吃不言,睡不语。

　　　懂礼貌,人人夸;勤锻炼,身体棒。

三、四年级:

班训:心到事成。

班规:课前静心准备;课上全力参与。

　　　作业用心完成;闲余开心游戏。

　　　身体恒心锻炼;工作尽心尽力。

　　　待人热心诚恳;对己信心十足。

五、六年级:

班训:理想从脚下起步。

班规:大事小事,踏实严谨。

　　　同学之间,宽容虚心。

　　　发展特长,把握机遇。

　　　锻炼身体,磨炼毅力。

　　　自律自强,勤奋进取。

[练习]以小组为单位自定年级设计班规。

三、班级的物质文化:优化班级环境

优美的班级环境有利于陶冶情操,美化心灵。苏霍姆林斯基说:"只有创造一个教育人

的环境,教育才能收到预期的效果。"教室的布置,是班级文化的重要组成部分,教室整齐、美观、清洁的布局,会给人赏心悦目之感,从而让学生在课堂上保持饱满的情绪。因此,班主任要有班级经营的理念,要善于营造一个人性化的、温馨的教室环境。在教室环境的布置中,应强化学生的主体性,给学生创新的思维空间、实践舞台、自我展示的机会,实现"让墙壁说话,让环境育人"的目的。此外,在班级环境的创建中,不仅要给学生以美的感受,同时还应该凸显班级的个性。当然,班级的个性不仅仅表现在外在的标志、文字等,更需要班主任发挥引领作用,挖掘班级内涵,形成真正的个性。

[活动]小组为单位设计一个能体现班级文化的班徽。

第三节　主题班会活动的设计和实施

班会是班主任向学生进行思想品德教育的一种有效形式和重要阵地。有计划地组织与开展班会活动是班主任的一项重要任务。班会的内容与形式是丰富多样的。其中,主题班会是一种极富教育意义的组织形式。主题班会,是指在班主任的指导下,由班委会组织领导开展的一种自我教育活动,是班主任对学生进行思想教育的一个重要途径。主题班会能充分发挥集体的智慧和力量,让集体教育每个人,对学生思想的转化和良好班风的形成起一定的促进作用。

一、主题班会活动的设计

主题班会是建设班集体的一项必要活动,它具有多样的形式和广泛的内容。主题班会可以在课堂里进行,也可以在参观、访问或野外活动中进行;可以是讨论思想品德问题,也可以讨论班级工作,还可以让学生谈认识、交流思想、介绍经验、开展批评与表扬。究竟选取什么形式,开展哪些内容,首先要确定与设计好主题。主题的确定与设计,具有方向性的指导作用,它将引导班会向预定的方向发展,并达到预期的目的。

(一)确定教育目的,富有教育性

主题班会的主要功能是对学生进行思想教育,因此,它必须有明确的教育目的,自始至终贯穿。它渗透着极强的教育性。主题的确定与设计,必须具有鲜明的目的性,决不能为搞活动而组织班会,只重视主题班会的活动功能。主题班会的教育目的大体可以分为如下几类:第一,思想观点、政治立场、道德品质方面的教育。如对学生进行革命理想教育、国情教育、爱国主义教育、辩证唯物主义世界观教育、无产阶级人生观教育、遵纪守法教育;第二,端正学习目的、态度的教育。如对学生进行爱知识、学科学的教育,为振兴中华而学习的教育;第三,"创三好"、比贡献教育。如对学生进行"创三好"教育、"五优四美"教育、爱劳动、比贡献教育,等等。班主任在确定和设计主题班会时,必须思想明确,指导主要是解决什么思想问题,应该怎样贯穿教育性,怎样达到教育目的。只有这样,主题班会才有实效,才不会流于形式。

(二)结合学生实际,具有针对性

主题班会必须结合学生的实际,主题的确定必须寻找学生中普遍存在的典型的思想问题。具体来说,就是要根据学生的年龄阶段及身心特点、思想发展的脉搏,结合学校、家庭、社会生活实际,针对学生在思想、学习、生活方面出现的问题,广泛选取题材,进行筛选、提炼、设计、组织,及时对学生进行教育。例如,初一的学生刚进中学,到了一个新的学习环境,对周围的一切都感到新奇。他们大多数都希望能好好学习,积极向上,给学校中的新老师、新同学留下一个好的印象,因而表现就比较好。有经验的班主任总是善于抓住这个契机,及时地对同学们加以点拨、引导,组织诸如《向童年告别》《要珍惜学习的权利》等主题班会,使学生的心头升起理想的光华,使他们的求知欲望更加强烈。

要做到有针对性,班主任必须善于搞好调查研究。作为班主任,对本班学生的精神状态、学习风气、健康状况、舆论、班风和传统、当前存在的主要问题等都要做到心中有数、了如指掌。只有这样,才能摸清学生的状况,抓住当前需要解决的主要问题,并能寻找解决问题的方法和对策,促使学生的思想发展。

(三)认真确定主题,做到计划性

主题班会必须有计划性,有严密的序列步骤,不能随意而发。教育性、针对性、计划性三者是统一的。首先针对初中或高中所任年级的整个学年,班主任应根据学生在不同阶段的情况,有计划、有步骤地设计出一个总体方案,在原基础上根据本学期情况制定具体的计划。其次,对所在学期的班会活动要有一个总的计划,可以对学年计划进行修订。第三,对组织每一次班会要有一个具体的计划,如选择什么样的主题,采用哪些内容和形式,达到什么教育目的,等等。有了计划,主题班会就会目标明确,进行顺利,能够较好地达到预期目的。

二、主题班会活动的实施

班会的主题确定和设计好后,第二步就是选择形式和实施。这一步总的要求是:班会的形式要符合青少年的特点;要不拘一格,形式多样;要充分做好发动、准备工作;要充分发挥学生的主体作用。主题班会自始至终要体现思想性、知识性、教育性、趣味性,"四性"统一起来。

(一)主题班会要适合学生年龄特点,寓思想教育于生动活泼的形式之中

中学生正处于长知识、长身体阶段。他们思想活跃,乐于思考,对新鲜事物特别敏感;他们精力充沛,活泼爱动,有多方面的兴趣爱好,有强烈的求知欲望;喜欢参加新颖活泼、知识性强、富于幻想的教育活动,而对抽象的、空洞的说教不怎么感兴趣。因此,主题班会必须适应中学生的这些特点,多开展生动活泼的活动,把思想教育渗透在活动之中。

例如,有位班主任教师以《我爱家乡》为主题,召开了一次班会。会前,组织同学搞了家乡调查。会上,有的介绍家乡的风土人情和名胜古迹;有的讲述家乡的丰富物产和历史变革;有的介绍自己的家乡是南方都会,繁华绮丽;有的讲述自己的家乡是北国原野,别具特

色。这样,在同学们面前仿佛展现出一幅祖国山河的壮丽画卷,大家都在为祖国而自豪,当然也想着自己怎样早日成材,把它建设得更美好。由于注意了学生的年龄特点,寓思想教育于生动活泼的形式之中,所以同学们愿意参加,并积极准备,会上争相发言,听者也聚精会神,情趣盎然。

(二)不拘一格,采取灵活多样的组织形式

开好主题班会,除了要有好的主题之外,还必须注意形式多样和生动。青少年往往对形象的、生动的、有趣的东西容易接受和记忆。因此,班主任应选择新颖活泼、富有教育意义的形式。当然,形式是由内容决定的,决不能脱离内容去单纯地追求形式。根据多数班主任的经验,初高中组织主题班会的形式可有下列几种:

1.主题报告会

主题报告会,就是围绕某个主题,请有关人士给学生作报告。例如:请科学家作当代科技发展的专题报告,请校长作改革形势报告,请历史老师、地理老师、政治老师分别从不同角度作"爱中华"的主题报告,请先进劳模作英模报告,请有关人员作"社会常识"的报告,还可以请学生中的表率为代表作有关报告。总之,围绕某个主题,可以请外单位人员、本校教师或学生登台作报告,以有针对性地对学生进行领悟主题,启发引导。

2.演讲和竞赛

演讲,就是组织学生围绕某一主题进行演讲,用以表达思想和情感。其特点是以学生活动为主,形式灵活,便于组织,收效明显。通过演讲,老师既能了解学生的思想动态,又能有的放矢,从多方面提高学生的能力,如表达能力、观察分析能力。

竞赛,就是根据学校、家庭、社会的情况,结合学生的思想、学习、生活实际,组织专题竞赛,让学生在竞赛中获得知识,受到教育。例如"共青团的知识竞赛""普法知识竞赛""一分钟时事问答竞赛""青春期知识问答竞赛"等。

3.座谈和辩论

座谈,就是选择一定的主题,让学生在一起畅所欲言,谈思想、谈体会,互相交流、互相学习。如"理想畅谈会""学习方法交流座谈会""爱家乡座谈会"等等。

辩论,就是把学生中对某些思想意识、社会现象等方面不清楚、不理解的问题,提出来讨论、辩论。经过各抒己见、互相切磋,大家加深理解、提高认识。如组织"涨价风之我见""分快慢班的利与弊""人生的目的与价值"等主题辩论会。

4.野外活动

野外活动,就是利用每年举行的野外活动,结合活动召开现场主题班会,以提高学生思想觉悟。如每个学校大凡每年都要例行春游和扫墓活动,班主任可以抓住这些活动召开现场主题班会。

5.社会调查成果汇报

社会调查成果汇报,就是让学生到社会中去,深入实际搞调查研究,然后召开主题班会,让学生汇报调查成果。班主任应鼓励学生走出课堂,到广大群众中去了解,采访新人新事,

然后召开主题班会,以进行生动的思想政治教育。

6. 文艺表演

文艺表演,就是用文艺的形式召开主题班会,借以教育学生。班主任可组织学生开展"读一本好书""学一学英雄人物"的活动,然后让学生编成各种文艺节目,自己表演。通过形象生动的文艺节目互相启发,从中受益。

(三)充分做好发动、准备工作

开好班会,固然有赖于班主任的周密计划与精心指导,但还必须充分做好发动和准备工作,准备得越充分越能达到预期的效果。同时,准备过程也是不断教育学生的过程,能收到良好的教育效果。

准备分为精神和物质两个方面。精神方面,除了让班干部了解主题班会的内容和形式外,还应使全班每个同学都感兴趣,并积极投入到准备活动中。物质方面,就是为主题班会准备各种设备、材料、用具等,包括环境的布置、需要的用具等。

(四)充分发挥学生的主体作用

主题班会的计划、设计与实施,固然离不开教师的指导,但更重要的是要发动学生,使学生成为班会的主人,充分发挥学生的主体作用。班主任的指导作用是通过学生的活动体现出来的。因此,在准备、组织召开的过程中,班主任应充分相信学生、依靠学生、指导学生,让学生当主人,自己当参谋,任何时候都不要包办代替。

(五)讲究环境布置,做到预见性

有了好的设计、选题和认真准备,开好主题班会已具备了先决条件。但还必须做好环境的布置和处理突发事件的预见性。

主题班会要讲究环境的布置,创设为主题服务的特定情境,使大家一走入会场,就受到气氛的感染、情境的熏陶,领悟出会议的主题,引起深入的思考。

主题班会还要做到预见性,对突发事件应及时妥善加以处理。在主题班会的召开过程中,由于种种原因,会出现一些突发性事件。作为班主任,必须对每次主题班会中可能会出现哪些事件,这些事件又是出现在哪些同学身上,做到预见在先,胸中有数,并准备好应急措施。这样,就会在班会中争取主动,使班会顺利进行。

[链接]

主题班会示例①

一、活动目标

(一)明白人与人之间发生矛盾、产生分歧是在所难免的,要正确对待和解决矛盾。

(二)建立全面的人生观,看问题多角度思考,善于站在别人的立场看问题,不能自私片面。

---

① 易连云.班主任工作[M].重庆:重庆出版社,2006:92.

（三）严格要求自己,宽容对待他人,生活中多一些理解,做一个心胸宽广的人。

二、活动重点

着重提高学生对待矛盾的全面分析能力,培养学生律己宽人的优秀人格。

三、活动形式

小品剧、讨论发言、讲故事、演讲。

四、活动准备

（一）确定一名口才好、思维敏捷的活动主持人,认真做好整个程序的准备工作。

（二）组织部分有能力的同学编排小品剧,并以自愿方式选取演员,提前认真排练。

（三）请班级文笔好,且擅长演讲的同学准备配乐演讲和讲述故事,稿件自写。

五、活动过程

主持人:同学们,在我们的生活中总会发生一些大大小小的矛盾,这是正常的,从哲学的角度讲,世界本身就是一个矛盾体,但是有些问题我们不解决就会破坏我们的友谊,甚至影响以后的事业发展,所以我们要正确地看待矛盾,不斤斤计较,严格要求自己,宽容对待他人。那么,产生矛盾的原因究竟是什么呢? 我们又该如何做到律己宽人呢? 这就是我们本次班会探讨的主题。"换位思考,律己宽人"主题班会现在开始。

（一）看图解意

主持人:首先我们探讨一下看问题角度的问题。下面请大家观看这样一组画面,然后思考一下画中的含义,说明了什么问题?

1. 投影仪在屏幕上显示画面

画面①内容:一匹矫健的马站在中央,有四位"伯乐"正在相马。这四人一高一矮,一胖一瘦,结果都未相中此马。高的嫌矮,矮的嫌高,胖的嫌瘦,瘦的嫌肥。

画面②内容:有两个杨桃,一个是侧面图呈椭圆形,一个是正面图呈五角星形。

主持人:看完了这两幅画面,你们感悟到了什么?

由 3~4 位同学谈谈自己对画面的理解。

主持人:以上几位同学理解得都很对。同一件事物从不同的角度去看,得到的结果也不相同,我们不能只认定自己的立场是对的,应该善于站在他人的立场考虑问题,全面地分析原因,认识到别人的难处,消除矛盾,化解隔阂。

（二）小品剧表演

主持人:下面让我们看看生活中出现在我们身边的矛盾。

1."课间"

主要剧情:课间同学甲正在睡觉。这时其同桌乙从外面气冲冲地回来,回到座位,将书本狠狠地一摔,借以出气,却惊醒了学生甲。于是两人发生争执,甲指责乙影响别人休息,乙本已愤怒,火上浇油,心情更加糟糕。两人互不相让……

2."课堂上"

主要剧情:上课铃声已响多时,班级仍然乱哄哄一片。年轻和蔼的女教师走上讲台,用微弱的声音勉强维持了秩序。可是没过多久,教室里又像菜市场一样,说话的说话,吃东西的吃东西,还有照镜子的,睡觉的,简直不像样,女教师十分生气,便停止讲课……

3."在家里"

主要剧情:一名同学放学后,便坐在电视机旁看自己喜欢的节目。一会儿,妈妈下班回来了,非常劳累,而这名同学嚷着要吃水果,要妈妈洗水果。妈妈端来果盘,这名同学又缠着要买新衣服,妈妈不耐烦地说了她几句……

4."路上"

主要剧情:某同学起床晚了,因为怕迟到,便快步飞奔,路上不管不顾。迎面走来一位女士手提水果。结果两人撞在了一起,水果撒了满地,而这位同学却甩下一句"走路不长眼睛呀!"便继续飞奔……

(三)讨论分析

主持人:同学们,看完了这几个小品后,是否觉得这些事情也经常发生在你的身边呢?请思考和分析以下几个问题:

1."小品剧1"中,两者是否都有错误?如果一方退一步是否会有所缓和呢?

2."小品剧2"中,如果同学站在老师的位置上,会怎样想呢?

3."小品剧3"中,孩子的做法是不是太过分了呢?

4."小品剧4"中,换作是你,你会怎样做呢?

(全班分为4个小组,各组针对剧情,每组分析一个小品剧,由代表最后发言。)

(四)互换位置

由四个小品剧的主人公互换角度,进行表演,并做出正确的处理,得到同学们的赞同。

(五)演讲

主持人:既然我们明白了看问题应从对方角度着想,那么怎么做到这些呢?这又和我们律己宽人有什么关系呢?下面我们听听两位同学的演讲。

1.同学A

内容提要:人与人之间难免有误会产生,如刘少奇所说:"世界上完全不被别人误会是没有的,而误会迟早都是可以弄清楚的。我们应该受得起误会,在任何时候都不牵入无原则的斗争,同时也应该警惕,检点自己的思想行动。"如果每个人都能"以责人之心责己,以恕己之心恕人",就能化隔阂为理解,化分裂为团结,使人格优化,美德弘扬,事业也会兴旺发达。

2.同学B

内容提要:我国有一部古书叫《抱朴子》,书中指出:"治身养性,务谨其细,不可以小益为不平而不修,不可以小损为无份而无防,凡聚小所以就大,积一所以至亿也。"也就是说整治自身修养品性,不要因小的利益而斤斤计较,律己宽人从小事做起。

(六)讲故事

主持人:所谓"海纳百川,有容乃大",古语有"己所不欲,勿施于人"的箴言,早在古代就有许多律己宽人的事例。下面请几位同学给大家讲几个故事。

1.同学甲《唐太宗下"罪己诏"》

2.同学乙《蔺相如宽厚待人》

3.同学丙《杨震辞金》

主持人:同学们,古人尚且如此,我们作为当代青年做得又如何呢?

由几名同学讲述自己过去的做法,结合古今榜样,谈谈今后的打算。

（七）班主任总结

我们这次主题班会开得很成功，大家都积极参与，热烈地讨论，演员们也辛苦地排练，同学们都从中得到了不少的收获，认识也非常深刻。宽容、理解这是一个人的美德，所谓"冤家宜解不宜结，各自回头看后头。"遇到矛盾，我们要冷静，心中有他人，多为别人想想，不能只顾一己私利。在与同学、老师、家长以及社会上的人接触中，宽以待人。希望同学们能把今天在班会上的感悟，付诸于以后的学习生活中，建立一个和谐的班级。

[练习]小组为单位，自定年级，设计一次主题班会活动。

第四节　学生心理健康教育的方法和技巧

随着社会的发展，人类的生存和发展格局产生了巨大的变化。生活节奏加快，工作效率提高，这一切既给我们所处的社会和人们的生活带来了勃勃生机，也给我们增加了心理负荷。维护每一个人的心理健康，既是社会的责任，也是每个社会成员的义务。建设良好的群体心理环境，保持健康的个体心理状态，还必须从教育抓起，从孩子抓起。作为承担着学生心理健康辅导者角色的班主任在管理工作中也必须利用各种手段，加强对学生心理的团体辅导和个体辅导。

一、学生心理健康的标准

世界卫生组织总干事马勒博士说过："健康并不代表一切，但失去了健康，便丧失了一切。"1948年，世界卫生组织将健康定义为："不但没有身体缺陷和疾病，还要有完满的生理、心理状态和社会适应能力。"

今天，越来越多的人开始形成这样的共识：没有疾病并非一定就健康，没有疾病仅仅是健康最起码、最低的要求，健康的目标应追求一种更积极的状态、更高层次的适应和发展。

40年后的1989年，世界卫生组织对健康又作了进一步界定："躯体健康，心理健康，社会适应良好和道德健康。"而大量研究表明：一个人的早期生活经历，很大程度上将决定一生的发展格局。童年的经历是生命的底色，而接受学校教育又是一个人青少年时代必不可少的一段经历。因此，学校教育对一个人身心的健康发展起着至关重要的作用。学生心理健康指导的重要意义也就不言自明了。当下，心理健康的基本标准包括：

（一）智力正常

智力是人的观察力、注意力、记忆力、想象力、思维力和实践活动能力等的综合。它是一个人心理健康水平高低的最基本标志。智力水平一般常用智商（IQ）来表示，智商是指智力年龄（智力达到某年龄水平）和实际年龄的比值。智商具有个体差异，但在正常的少年儿童之间，这种差异不会十分显著。如果一个儿童的智力明显低于同龄人的水平，则属于智力发育不正常。一般来讲，智商在70以上为正常范围。

（二）善于协调与控制情绪，心境良好

心理健康的人一般表现为情绪稳定、愉快、开朗、自信、满足，善于从生活中寻求乐趣，对生活充满希望，热爱生命，热爱生活。当客观环境发生变化时，能较好地调整自己的心态，能较少地有情绪的极端化反应。

少年儿童保持平衡而愉快的心境，有助于学习能力的提高。相反，在沉重的压力下，如恐惧、焦虑，不但会影响心理健康，还会影响身体健康。有的专家认为，小学生心理健康的核心就是保持愉快的情绪体验。

（三）具有良好的意志品质

健康的意志品质有如下特点：一是目的明确合理，自觉性高；二是善于分析情况，意志果断；三是坚韧，心理承受能力强；四是自制，既不压抑，也不放纵任性。

（四）人际关系和谐

简而言之，人际关系就是人与人的关系。人际关系和谐是一个人心理适应状态良好的重要标志之一，不少心理不健康的少年儿童，常常是从人际关系失调而表现出来的。和谐的人际关系，既是心理健康不可缺少的条件，也是获得健康生活的重要因素。

（五）能动地适应和改造现实环境

一个心理健康的人应该有积极的处世态度，与社会广泛接触，对社会现状有较清晰正确的认识；他的心理行为能顺应社会文化的进步趋势；能主动地适应环境，又勇于改造环境，达到自我实现与奉献社会的和谐统一。

（六）保持人格的完整与健康

人格是个体比较稳定的心理特征的总和。心理健康的人，其人格的各要素都不存在明显缺陷与偏差，具有清醒的自我意识、积极进取的人生态度，这是人格的核心部分。

（七）行为协调，反应适度

心理健康的少年儿童，其心理活动和行为方式是和谐统一的。例如：课堂上，一般孩子都会集中注意力听课，如果一个小学生异乎寻常地不能集中注意力，过度活动而不能自控，就应该考虑该生在行为协调方面存在一些问题。

（八）心理行为符合年龄特征

少年儿童的发展特点具有共同的一般规律，不同年龄阶段的少年儿童表现出不同的心理特点。如果心理发展异常，我们可从其行为表现是否符合年龄特征而发现。

这里所列的只是心理健康的一般要求，而不是最高的理想境界。而且，心理健康标准是一个发展的、文化的概念。

二、心理健康教育的形式

心理健康指导不是一般的安慰同情或忠告建议，更不是简单的命令限制或批评指责。开展心理健康指导，首先要求教师要关心、爱护、尊重和信任学生，对话时不能有成见或偏见，要耐心地倾听，设身处地从学生的角度去体察和感受事物，理解他们的思想和情感。心理健康指导既是一门科学，又是一种艺术，这种工作并不是代替、包办学生的认识和行为抉择，而是把正确的认识方法、处事方法和处理感情的方法，通过循循善诱变为他自身的感受和内心体验。鼓励学生全面评估自己，学会自我教育、自我排除障碍，认识到人生的理想可以通过不同的途径去实现，增强奋发向上的勇气。在学校教育中，心理健康教育主要存在个体心理辅导和团体心理辅导两种形式。

（一）个体心理辅导

个体心理辅导又可称为心理咨询，是一对一的辅导形式。是来访者就心理、精神方面存在的问题，找专业咨询人员进行诉说、商讨和询问，以求心理问题得以解决的过程。个体心理辅导是在咨询人员的启发和帮助下，在良好人际关系氛围中，使来访者的潜能得到发掘，从而找到产生心理问题的原因，辨明心理问题的性质，寻求摆脱心理困扰的条件和对策，达到恢复心理平衡、增强心理素质、提高适应能力、增进身心健康的目的。心理咨询的常见形式有面谈咨询、电话咨询、书信咨询和网络咨询等。

心理咨询对来访者起到缓解心理困扰的作用机理在于：

（1）宣泄。来访者通过将其郁积已久的情绪烦恼与不适行为倾诉给咨询人员，强化来访者对自身问题的认识，获得理解和尊重。

（2）领悟。来访者在咨询人员的帮助下，全面、深刻地认识其心理不适与情绪障碍。

（3）强化自我控制。使来访者破除某种不良情绪状态和行为方式对自我的禁锢，协调个人与环境的关系，获得内心的和谐。

（4）自我肯定，增强自信心。使来访者积极地面对生活矛盾，调节自我与环境的关系，以乐观、自信的态度对待人生。

个体心理辅导中来访者与咨询员有近距离的接触，易于建立良好的辅导关系，使来访者体会到安全感与温暖。在这种关系的基础上，来访者可以较少防备地谈及较隐秘的问题，对问题的表现、成因和发展进程能进行深入的探讨和分析，进而可以有针对性地提出建议及改善措施，帮助来访者解决深层次的心理问题。个体心理辅导具有因人制宜、便于交流、问题解决程度深入等优点。但在心理咨询中需要运用专门的心理学技术和手段，对咨询人员的专业知识和技能有较高要求。在学校心理辅导中，在近距离观察学生、了解学生以及学生的向师性等方面上，班主任具有开展心理咨询工作的先天优势，但也要注意提高自己的心理咨询专业知识和技能。班主任应该掌握学生身心发展的特点，了解不同阶段学生容易出现的心理问题，明确不同心理问题的辅导策略和辅导目标，能熟练地运用心理辅导技术。而对于较难解决的心理问题，班主任可建议学生寻求学校心理咨询专业人员的帮助，或是建议家长带孩子寻求专业人员的帮助。

（二）团体心理辅导

团体心理辅导是在团体情境下进行的一种心理咨询形式。它是通过团体内部人与人的相互作用，促使个体在团体的人际交往中通过观察、学习、体验，认识自我、探讨自我、接纳自我，改善与他人的关系，学习确立新的态度与行为方式，以发展良好的适应力的过程。团体咨询的感染力强，影响广泛，效率高，省时省力，特别适合于人际关系不良的人。依据团体辅导的模式和目标的不同，可分为发展性团体辅导、训练性团体辅导和治疗性团体辅导。学校内所进行的大多是前两种团体心理辅导。

团体辅导改善心理问题的作用机理在于：团体辅导创造了一种被保护的环境、被理解的场所，团体成员在团体中可以将内心中压抑的消极情绪发泄出来，得到别人的关心和安慰。团体成员在团体中可以发现其他人也存在类似的问题，产生心理共鸣，感觉被接纳和被理解；团体成员在互助互利中可以观察团体行为，从而感悟自己在实际生活中如何实践，尝试新的体验，发展新的适应行为，改变以往的不良观念，重建理性认识。团体心理辅导也是建立在心理学的理论基础上的一种专门活动，有相应的技术要求和操作规范。

相对来说，团体心理辅导解决的是普遍性的问题，其作用机制也和个体心理咨询有所区别。它更强调人际氛围、观察模仿和人际互动对人的心理和行为所起的作用，注重人的外在行为改变来引起观念系统的反省，对个人的心理问题较少作深入的分析，因而在辅导过程中对咨询理论的要求不如个体咨询那么严格。团体心理辅导所使用的方式与手段也与个体咨询有所差异，对辅导人员技术要求上更强调团体的管理和活动的引导方面。在学校中，班级构成了天然的团体，班级人际关系的发展与团体心理辅导人际关系的发展相一致，班主任在班级管理中许多工作的方式与目标是相似的，如果班主任在班级工作中能适当地使用团体心理辅导方法，会使工作更有成效，而学生也能在团体活动中缓解发展中的心理问题，获得成长。

学校开展团体辅导的途径很多，以下是几种常见的团体辅导形式。

1. 心理辅导活动课

心理辅导活动课是团体心理辅导最为常见也是最主要的一种形式，是专门为心理辅导而设置的，不同于一般的班级、团队活动，其目的是帮助学生解决某方面的心理困扰。心理辅导活动课程以围绕某个主题开展的学生活动为主，活动的形式多样，游戏、讨论、技能训练等方式都可结合使用，活动中要让学生"动起来"，并在活动中体验和分享体验，观察模仿他人恰当的行为，在认识与省察自己的不适应行为的同时，学习新的行为方式和建立新的观念系统。辅导活动课不同于以普及知识为主的心理学课程，也不同于学生自发性的游戏，是在教师指导下的有计划、有组织地开展的以活动为主、提升心理品质的课程。心理辅导活动课可以是针对某一方面心理问题的单次活动课，也可以是针对不同年龄学生的发展需求设置的多次、有序、系列的活动课。团体心理辅导课的对象可以是全班学生，也可以是共同具有某类问题的学生群体，如学习困难学生的团体心理辅导课、人际交往困难学生的团体心理辅导课。

2. 心理辅导知识讲座

心理辅导知识讲座也是在学校心理辅导中常用的一种辅导形式。可以请专家就全校或某一年级段学生共同关心的问题做心理健康教育的报告,如针对中、高考前学生出现的考试焦虑现象,不少中学请专家做关于考试心理调节方面的专题讲座,或是分年级由心理辅导人员专门讲解心理健康知识,如对新生讲关于入学适应的讲座,对中间年级的学生谈学习策略、情感调适、人际关系的处理、耐挫力方面的知识讲座等。这种辅导方式时间短、普及面广,辅导内容易把握,但讲座只能从认知层面来帮助学生加深对问题的认识和提出一些建议,由于学生缺乏技能训练和实践的体验,因而往往感悟不深刻,作用有限。

3. 在课堂教学活动中渗透心理辅导

学科的教学活动中蕴涵着很多适用于心理辅导内容的素材,教学过程中还会经常出现有利于实施心理辅导的教育情境。教师只要细心挖掘,善加利用,一方面可收到心理辅导的实效,另一方面也能让课堂教学更加精彩,取得良好的教学效果。

4. 在课外活动中进行辅导

班主任应该根据学生的身心发展规律和年龄特点,在学生喜闻乐见的课外活动中,巧妙地将心理辅导的内容蕴涵其中,这样才能使他们在玩与乐的过程中受到启发和熏陶,并逐步养成良好的心理卫生习惯,获得自我心理保健的途径和方法。学校开展心理辅导,首先,在课外兴趣小组活动中,班主任可利用学生的积极性、主动性,把心理辅导的知识和技能训练与各种兴趣小组的活动结合起来,这样,学生就更容易接受,效果也就更好。同时,在小组活动中,学生们还可以了解人与人之间的优势和不足,学会合作。其次,可将心理辅导融入少先队或共青团组织的活动中。借助少先队或共青团活动的平台,通过主题队会和活动阵地(墙报、宣传栏等)进行心理健康方面的宣传教育,通过一些社会实践活动培养学生的意志品质和良好的行为习惯。此外,在游戏活动中加入心理辅导的成分,既有趣味性、活动性,又有知识性,学生还可从中体验到合作、团结的意义,学生们通过游戏和一些训练活动,能逐步领悟到心理健康的重要性,并且了解到自我心理保健的方法等。

三、心理健康教育的方法

(一)疏导宣泄

正如有句老话所说的"一吐为快",当一个人将压抑在心里的苦恼和内心的秘密痛快地倾诉出来时,会有如释重负的感觉,情绪得以平复,不适状态会有明显的好转。在辅导人员真诚地关心、耐心地倾听和询问启发下,来访者会感受到鼓励而勇于畅谈自己的心事,通过疏导宣泄,就能获得一定的心理辅导效果。也可指导学生在平时的生活里学会自行疏泄,如向朋友倾诉、给朋友写信、参加体育运动等。

(二)认识与领悟疗法

认识与领悟疗法是指通过言语的开导,使来访者对其问题的症状原因有所领悟,意识到某种心灵深处的"病根"是当前出现心理问题的原因,特别是童年时期的某些经历可能是导致当前问题的症结,领悟到当前的问题没有存在的意义,从而缓解和治愈心理障碍的过程。

认识与领悟疗法是通过辅导人员的分析和解释来实现的。

(三)心理暗示

心理暗示是指通过语言或动作,以含蓄的方式,对自己或他人的行为产生影响的一种方法。通过心理暗示,可解除学生的疑惑,增强其积极转变的信念,减轻其心理负担,达到预防与辅导的作用。在学校心理辅导中,心理暗示尤其注重于对学生自我改变的能力的肯定和潜能的挖掘,使学生对自己的未来充满信心,敢于尝试新的行为方式,再结合重建合理信念和行为训练,就能有较好的辅导效果。此方法对存在自卑感的学生较为适合。

(四)合理情绪疗法

埃利斯等人认为,不良情绪和行为反应不是由某一诱发性事件本身所引起的,而是由经历了这一事件的个体对这一事件的解释和评价所引起的。由于人们头脑里存在非理性的、不合逻辑的观念,当事件发生时就会产生对这一事件的不合理的解释,进而产生不合理的情绪与行为反应。合理情绪疗法强调找出当事人思维中那些不合理的成分,帮助其与非理性信念辩论,转变不合理的认知,对事件给予重新解释和评价,从而使个体的不良情绪和行为反应得到缓解,获得心理平衡。

(五)系统脱敏法

系统脱敏法又称交互抑制法,主要用于对某种情境特别焦虑或有恐惧症状,如考试焦虑、人际交往恐怖等。这种方法主要是诱导来访者缓慢地暴露出导致焦虑的情境,并通过心理的放松状态来对抗这种焦虑情绪,从而达到消除神经症焦虑习惯的目的。系统脱敏法实施的步骤是先建立焦虑等级情境,由低焦虑情境到高焦虑情境逐级放松适应,以最终适应所焦虑的对象。

(六)行为塑造法

行为塑造法是根据斯金纳的操作条件反射原理设计出来的,目的在于通过强化(即奖励)而造成某种期望出现的良好行为持续出现,最后固定为一种行为习惯的治疗方法。一般采用逐步增加难度和要求的作业,并在学生完成作业时按情况给予奖励(即强化),以促使增加出现期望获得的良好行为的次数。比较有效的强化(即奖励方法)之一是行为记录表,即要求学生把自己每过一个时段所取得的进展正确地记录下来,并画成图表。这样做本身就是对行为改善的一种强大推动力。此外,治疗者还可应用其他强化因子,如喜爱的食物或娱乐等。通过这种方式来塑造新的行为,以取代旧的、异常的行为。为了使治疗效果得以保持和巩固,需要特别注意如何帮助学生把在特定治疗情境中学会的行为转换到现实的家庭或工作的日常生活环境中来。

(七)代币制法

代币制法也是建立在强化理论基础上的行为改造法,不仅可用于个体,而且可在集体行为矫治中实施。这种方法通过某种奖励系统,使学生在作出预期的良好行为表现时,马上就能获得奖励(代币),得到强化,从而使其所表现的良好行为得以形成和巩固,同时使其不良行为得以消退。在这里,代币作为正性强化物,可以用不同的形式表示,如用记分卡、筹码或标志等象征性的方式。代币应该具有现实生活中"钱币"那样的功能,即可换取多种多样的奖励物品或者是换者所感兴趣的活动,从中可获得价值。用代币作为强化物的优点在于不受时间和空间的限制,使用起来极为便利,还可进行连续的强化;只要换者出现预期的行为,强化马上就能实现;用代币去换取不同的实物,从而可满足受奖者的某种偏好,可避免对实物本身作为强化物的那种满足感,而不至于降低追求强化(奖励)的动机。并且在换者出现不良行为时还可扣回代币,使阳性强化和阴性强化同时起作用而造成双重强化的效果。

(八)厌恶疗法

厌恶疗法利用回避学习的原理,把令人厌恶的刺激,如电击、催吐、语言责备、想象等,与来访者的不良行为相结合,形成一种新的条件反射,以对抗原有的不良行为,进而消除这种不良行为。厌恶疗法有三种主要形式:电击厌恶疗法、药物厌恶疗法和想象厌恶疗法。想象厌恶疗法是将辅导人员口头描述的某些厌恶情境与来访者想象中的刺激联系在一起,从而使其产生厌恶反应,以达到治疗目的。此法操作简便,适应性广,对各种行为障碍疗效较好,也是学校心理辅导中常使用的方法之一。

(九)思维阻断法

思维阻断法又称思维停止法或思维控制法,主要用于强迫性思维的治疗。它在来访者想象其强迫性思维的过程中,通过外部控制的手段,人为地抑制并中断其思维,经过多次重复,使强迫性思维得以逐渐消失。

(十)心理剧

心理剧通过戏剧表演的形式,使得个人生活中的困扰事件、心理冲突等显现出来让来访者以旁观的角度重新审视问题,从而使来访者得到顿悟,获得一种"原来如此""茅塞顿开"的体验,以此来探索来访者的人格、人际关系和情绪问题等。这种戏剧化的、令人难忘的经历,给来访者提供自我发现、自我整合的机会,激发其自觉性,增强其适应环境和克服危机的能力。方法主要有角色扮演、角色互换、重现、独白等。

[阅读]

上海市教育局中学生心理健康教育阶段性目标[①]

上海市教育局根据中学生的年龄特征和年级特征提出了心理健康教育阶段性目标,对指导我们的实际工作很有参考价值。

初一年级目标:

适应新的学习环境和学习要求,富有责任感和进取心,形成良好的自我认识能力。

---

① 罗明东,李里,舒亚玲.班主任工作技能[M].昆明:云南大学出版社,2012:197.

初二年级目标：

掌握青春期的生理和心理卫生常识，适应自我身心变化，能够大方得体地与同学、异性和长辈交往，逐渐养成勤奋精神和刻苦毅力。

初三年级目标：

形成锲而不舍的个性特征，掌握自我心态、情绪的调适方法，改善学习方法，能够在升学和就业方面作出合适的决定。

高一年级目标：

适应高中学习环境与学习要求，增进集体感和人际交往能力，掌握自我调适与自我改变的技能。

高二年级目标：

培养丰富的情感，增强社会责任感，发展创造性。

高三年级目标：

认识自己的社会价值，关心国家命运并具有使命感，具有奉献精神，选准自己的发展方向与人生目标，能娴熟地运用技巧自我调节情绪，成功完成中学阶段的最后冲刺，能够作出升学或择业的最佳选择。

[阅读]

班主任每周必备四课①

班主任是班级教育管理的核心人物，是班级的灵魂和统帅。在教育实践中，班主任也是德育的承担者、组织者、实践者。因此，教育管理必须讲究一定的艺术，他犹如乐队指挥，指挥高明才能演奏出班集体和个体的和谐音符。而要成为一名出色的"指挥家"，班主任就必须要做好每周"四课"。

第一课：每周与任课教师交流一次

著名教育家马卡连柯曾说过："没有对孩子们的统一要求，就不可能有任何教育。"班主任同各任课教师对学生的要求应该一致，否则就会使学生无所适从，甚至会造成学生对教师的两面态度。

所以，每周在布置班级工作之前，班主任要主动同班级任课教师进行联系，把本周内班级工作的目标和重点及时告知各任课教师，同时请各任课教师结合自己的教学实际提意见，通过商讨可以把班级阶段管理目标与任课教师的教学目标相整合。

这样，在统一目标的要求下，班主任就会与各任课教师进行合理的分工合作，进而避免班主任与任课教师之间各自为政的现象，减少"内耗"，学生的德育工作也会贯彻到每个教师的实际教学中。

多数学生对班主任会有一种敬畏心理，他们不敢在班主任面前暴露的缺点，却敢在任课教师面前"表现"。所以，每周之初与任课教师进行交流，班主任不仅可以了解到上一周内本

---

① http://www.banzhuren.com/article.asp? id=11937

班学生的真实情况,从而及时把握学生的思想脉搏,还可以充分发挥任课教师的"智囊"作用,在共同分析上一周中班级存在的优势及不足的基础之上,及时总结班级管理的经验及教训,从而改进和完善本周班级工作的思路和重心。

第二课:每周与家长沟通一次

学生的健康成长离不开学校教育和家庭教育的密切配合。所以,在教育孩子的问题上,班主任要理解家长的不易,设身处地为家长们着想,把工作做在前面:每周向家长汇报一次学生的学习情况(学习态度是否端正、作业是否及时上交、有哪些方面需要改进等)和在校表现(是否迟到早退、上课是否遵守纪律等),以便家长能及时、全面、客观地了解自己的孩子,并积极参与学校教育和孩子问题的处理。

第三课:开好每周一节班会课

长久以来,很多班主任对班会课的理解有所偏差,以至于把班会课当做"教育课"。所以,班会课上班主任不是板着面孔说教,就是声色俱厉的"批斗",再或者就是一味地对学生们下达任务要求。一节班会课下来之后,学生不仅没有受到丝毫的教育,反而引起学生的反感,形成强烈的抵触情绪。

对此,班主任要仔细观察学生的日常行为,寻找在上一周的学校生活中学生普遍存在的问题,并将之拿到班会课上去讨论。学生讨论中,班主任可适时阐述自己的想法,表明自己的用心,加强对学生的正面引导。

另外,随着学习、生活、学校要求等实际情况的变化,班主任还可以及时组织学生召开与之相关专题的主题班会,使学生思想跟上班级的变化和本周内学校的中心工作。

第四课:做好每周反思笔记

受传统教学观念的影响,大多数班主任都不习惯写教育反思,认为与其写反思还不如抓紧时间备课或找几个学生进行谈话来得实在。其实这是一种错误的认识,美国学者巴里·波斯纳提出:教师成长=经验+反思。在实际工作中,班主任必须要不断地研究班级中随时可能出现的新情况、新问题,创造性地运用经验才能取得良好效果,这就需要班主任必须要学会反思。

[活动]阅读下列案例,思考如何处理?

天天是小学五年级的学生,聪明机灵,平时学习很勤奋,很讨老师们的喜爱。父母对天天也很宠爱,基本做到有求必应,唯独对天天玩电脑、上网的要求坚决不答应。天天的父母早听说学生沉迷网络后会带来诸多的问题,他们担心天天一旦使用电脑也会沉迷进去。所以家里的电脑一直锁着。可最近几个月以来,天天的父母发现天天回家的时间越来越晚,有时还撒谎,学习也一落千丈。后来父母才知道天天是去网吧了,追问之下才知道天天有一次去同学家玩,一起玩了网络游戏,天天觉得非常新鲜刺激,之后天天就跑到网吧去玩。父母软硬兼施,要天天再也不玩电脑了,可天天依然故我。一次考试成绩下来,天天才考了32分,父母气不过打了天天,天天一气之下离家出走了。在派出所的帮助下,天天后来被找到了,但是对父母的管教更反感,父母很着急。

第八章

课堂教学方法

大脑不是一个等待填满的容器,而是一把需要点燃的火炬。

——古希腊学者普罗塔戈

好的先生不是教书,不是教学生,而是教学生学。

——陶行知

第一节　推动学生学习的"简快十招"

美国人本主义心理学家亚伯拉罕·马斯洛(Abraham Harold Maslow)把人的需要分为七种,由低到高依次为:生理需要、安全需要、归属和爱的需要、尊重需要、认识需要、审美需要和自我实现需要。需要是个体心理活动和行为的内部动力。需要带有永久的动力性,驱动人为满足需要而不断努力。

动机在需要的基础上产生。当提供适当的诱因时,需要被激活,就转化为动机,驱动个体去达到目标。当某种需要没有得到满足时,它就会推动人们去寻找满足需要的对象,从而产生活动的动机。动机有多种类型,参与学习的动机就被称为学习动机。

学习动机由内驱力和诱因两个基本因素构成。个体的需要没有得到满足时,个体就会产生内驱力,内驱力引起反应,反应导致需要的满足。与学习动机密切相关的主要是学生的精神需要。如:学生有寻求尊重的需要,这种需要就会促使学生努力学习,取得良好成绩,以获取同学的尊重,或者是通过为他人服务,帮助他人,体现自身价值,从而赢得同学尊重。诱因则是指能引起个体动机的外部刺激或情境,是有机体趋向或回避的目标。怎样利用学生合理的需要,并采取适当的方式(诱因),激发他们的学习动机,使他们能够主动参与学习过程,这是教育工作者要认真思考的重要问题。

[活动]教师展示10个词语或短语,展示时间为1分钟。展示完毕后让学生默写(时间3分钟)。默写后学生之间交换评分,然后请默写很好的学生分享记忆的方法。这10个词语或短语是:

神秘;新奇;意想不到;节奏快;变化多;挑战;竞赛;可得肯定;能帮助人;可证明有力量。

上述活动中学生所背诵的这十个词被称为推动学生学习的"简快十招"①。这"十招"之所以能推动学生学习，就是因为它们能帮助学生满足自身的需求，激发学生的学习动机。这些需求有：获取尊重的需求、学习的需求以及自我实现的需求等。这十个词有不同的意义，从不同角度满足了学生的这些需求。下面做简要的分析：

神秘：指使人摸不透的；高深莫测的。神秘的事物容易引起学生兴趣，促使学生去一探究竟。

新奇：指新鲜特别。新奇的事物更容易引起学生的关注。

意想不到：指想象不到，预料不到。意想不到的事物与学生所熟知的经验造成冲突，容易引起学生的关注。

节奏快：指操作的进程快，不拖沓。即课堂教学环节要环环相扣，不拖拉。节奏慢了，学生的注意力会涣散；当然，节奏太快了也不行，学生来不及反应。节奏要适度，并符合学生求新、求变的心理需求。

变化多：指形式多样。给学生的刺激形式多样，使学生调动多种感官，提高了感知效率。

挑战：指鼓动对方跟自己竞赛。教学中可以让学生挑战自我或相互挑战。挑战自我的动力来自于学生了解自我、激发自我的潜力以及战胜他人的愿望。

竞赛：指互相比赛，争取优胜。学生都有战胜他人、以体现自身优势、获得他人的肯定及尊重的心理需求。

可得肯定：即可以得到他人及自身的肯定，进一步增强自己的信心，体现自身的价值。

能帮助人：指通过帮助他人，体现自身价值。合作学习可以实现学生的这一愿望。

可证明有力量：指学生能通过学习过程，证明自己具有某些方面的能力，这种能力能为他所用，帮助他实现某些愿望。这是对学生的充分肯定，也是学生价值的体现。

"简快十招"简单易懂，体现了学生群体所在乎的价值。教学中如果用到这些方法，可以丰富教学形式，使课堂教学更为生动，更能激发学生学习的兴趣，更能吸引学生参与到学习的过程中去。例如，上述活动学生乐意参与，就是因为利用了其中的方法：以挑战的方式，可以激励学生参与；挑战成功的可以得到老师与同学的肯定，有利于树立学生的自信心；挑战成功的学生乐于分享自己的记忆方法，因为他（或她）觉得可以帮助到其他同学。和单纯的要求学生背诵这十个词相比较，这样的方法也比较新奇，是很好的教学方法。

[练习]用自己的方式来解释推动学生学习的"简快十招"，即其中10个词的意义。表达形式不限，要求准确、生动，能吸引人。

方式：分组进行，每个组选择2至3个词。讨论决定展示方式。以组为单位进行展示。

时间：准备时间10分钟；展示时间每组5分钟。

活动意图：让学生以活动的形式，体验这10个词的含义，以加深对它们的理解及应用。

活动举例：可以以多种肢体语言来展示"神秘"一词。

[作业]结合自身专业实际，设计一个教学片断，要求能体现"简快十招"中的至少一项。片断的展示时间不超过5分钟。

---

① "简快十招"源于香港李中莹先生的"轻松教与学"课程讲义。

例如："生物的富集作用"的教学导入参考。

春天是万物复苏、草长莺飞的季节,可是,在蕾切尔·卡逊的小说《寂静的春天》里,却描述了这样一个未来的春天:疾病袭击了所有动物,寂静笼罩着每个地方,春天里再也没有鸟儿的歌唱……春天为什么变成了这样呢? 我们怎样才能避免这个悲剧的发生呢? 通过我们今天的学习——生物的富集作用,可以给我们很重要的启发。今天我们就一起来学习:生物的富集作用。

设计意图:导入事例神秘、意想不到,让学生欲一探究竟,从而形成学习的动机。

第二节 课堂状态调控的方法和技巧

[游戏]抓手指

操作方法:

学生两人或两人以上组合;

每人一只手,手掌向下展开,另一只手握拳,只伸出食指;

食指向上接触另一位同学的掌心,自己另一只手的掌心则向下接触另一位同学的食指;

听教师陈述一段文字,当教师说到某一特定字或词时,则掌心尽快抓住另一位同学的食指,而自己的食指则迅速拿走,避免被他人抓住。

抓住他人及逃离被抓算成功,否则算失败。

游戏特点:简单,操作容易。

游戏功能:使学生兴奋起来,摆脱沉闷状态。

课堂教学的有效性在于:学生能够始终保持注意力,积极主动参与课堂教学。那怎样才能做到这一点呢? 需要教师不断地调整课堂状态,以维持学生的注意力。那什么是课堂状态呢? 课堂状态主要是指课堂氛围及学生的学习心理状态。理想的课堂状态是课堂气氛随教学需要而变化,始终能吸引学生的注意力,使学生一直能积极主动地参与课堂教学,目标专一,围绕学习任务开展心理活动,从而达到良好的教学效果。怎样才能调控课堂状态使其处于最佳呢? 这需要教师通过调整教学活动,吸引学生的注意力。在课堂上,学生的心理特点是:情绪易兴奋,但注意力不容易维持。教师可以采用多种方式来凝聚学生的注意力。

首先,可以通过激发学生兴趣的方法来维持学生注意力。兴趣是认知的内在动力。兴趣与注意力间接相关。如果一个人对某一事物产生了兴趣,则必然会主动积极地去对其进行认识,在认知的过程中,会主动地维持注意力。所以,在课堂教学中,教师可以采用多种方式,来激发学生的学习兴趣,从而达到较好的课堂状态。

其次,教师可以运用变化技能,合理地组织活动,来促使学生保持注意力。

人的感知特点表明,长时间接收单一刺激,相应感官会产生感受适应现象,感受阈限会提高。所以,长时间接受单一刺激,人的相应感官就会变得迟钝,不再容易兴奋。因此,改变刺激形式,轮换刺激不同的感觉器官,可以避免感官的疲倦,也可以提高感知的效率。同时,如果能同时调动多种感官,通过对同一事物的不同方面进行感知,则感知效率可以进一步提高。

心理学家的研究表明：人类各个感觉器官接受信息的效率是不同的，具体情况如表8-1所示。

表8-1 人类各个感觉器官接受信息的效率

感官	感官效率（%）
味觉	1.0
触觉	1.5
嗅觉	3.5
听觉	11.0
视觉	83.0

从上表可以看出，视觉的感知效率最高。但是，单一的视觉刺激，会导致疲倦；单一的通过视觉来进行感知，其效率也是有限的；多种感官结合起来，认知效率就显著提高。表8-2就充分说明了这一点。

表8-2 不同学习方式的记忆效率

学习方式	记忆效率（%）
读	10.0
听	20.0
看	30.0
听看结合	50.0
理解后的表达	70.0
动手做及表达	90.0

通过上表可知，听看结合，记忆效率比单一的听和看效率高。这就证明，多种感官的协同配合，可以显著提高记忆效率。

通过表8-2还可以发现，理解后表达，记忆效率进一步提高，这就说明，将通过感知接收到的信息通过表达来重复，可以提高记忆的效率。动手做及表达，记忆效率更高出很多，这就说明了，将学生感知到的内容再让学生通过动手做的形式，可以促使学生将感知到的内容再加工，并通过"做"的方式输出信息，转变了信息输出的形式，提高了感知效率。

教师在交换刺激学生不同感官的过程中，就运用到了变化技能。教师运用变化技能，通过教态、语言、媒体等方式的交替变化，使教学信息和教学活动刺激学生而引起其大脑兴奋中心的转移，引发无意注意，并使之向有意注意转化。

从理论上讲，任何单一的感官很难完成一节课信息的全部接受。教师运用变化技能，就会刺激学生动用多种感觉器官参与教学活动，在教师启发、引导和点拨下，口、手、脑并用，不仅可以减少学生疲劳的程度，更有效地强化信息的接受。

　　该处所讲到的变化技能,就是指在教学过程中通过转换信息传递、师生相互作用和各种教学媒体、资料的使用方式,来引起学生注意、促进学生学习的行为方式。教学中教师可以通过教态变化、信息传输通道及教学媒体变化以及师生相互作用的变化来实现对学生注意力的吸引,从而达到课堂状态调控的目的。教态变化包括口头及肢体语言变化。信息传输通道的变化包括视觉、听觉、触觉、嗅觉的变化等。而师生相互作用的类型多样,也日趋受到人们的重视,它包括:以讲授为主的单向信息交流方式,这种方式教师教,学生学;以谈话法为主的双向交流方式,这种方式教师问,学生答;以讨论法为主的三向交流方式,这种方式师生之间互问互答;以合作教学为主的综合交流方式,师生共同讨论、研究、做实验,这就是新课改中所倡导的合作学习方式。课堂教学中可以变化师生相互作用的方式,达到调控课堂状态的目的。

　　课堂教学是一个师生的认知、心理与情感共同参与的连续过程,是一个时空转换的过程,其进度安排必须合理,应该有张有弛,富有节奏感。教学时间的分配要合理,空间也应有适当的转换。可以通过变化课堂组织形式来调控课堂状态。如低年级学生,注意力不能持久,易于疲劳,所以课堂教学中要安排课中休息,要变换活动形式,要设计课中操或游戏,帮助学生放松,放松后继续学习,效果才好;中年级学生,好动、冲动、易于表达感情,教师除了知识的讲解要在课中让他们有感情地朗读、讨论、举手发言等,帮助他们释放情感能量;高年级学生,他们的认知及经验已有一定的积累,自主性增强,教师不能一味地"填鸭",教师除了适当点拨外,要善于指导他们自主、合作学习,教师不能包办代替。总之,课堂教学要结合学生特点,要不断变化组织形式,不断调控课堂状态,使课堂秩序有序、合理,使课堂气氛轻松、活跃,使学生的兴趣能维持,思维保持活跃状态,积极参与学习过程,学习效果就能得到提高。

　　[练习]学生状态调控小技能。

　　1.使学生平静、放松的小技能:生理平衡法。做法:

　　　　(1)双腿伸直,双脚交叠,双手手指亦交叉结合,反坳至胸口;

　　　　(2)舌尖向上顶住口腔内上颚门牙稍后的地方,把呼吸调慢;

　　　　(3)把全部注意力放在心脏上面,维持三分钟。

　　2.让学生兴奋、热身的游戏:手指游戏(大西瓜、小西瓜等)(学生可自行从网络上下载学习)。

　　此外,课堂教学应该情理交融。教学过程中,需要有学生的认知参与、心理参与与情感参与。这样的课堂,才显得有血有肉,对学生有吸引力。首先,认知与心理参与是不能分割的。认知是基于心理基础的,否则,认知无从实现。其次,认知是需要与情感相结合的。教学中只有认知参与,则教学过程过于理性,缺乏情感参与,学生会觉得枯燥,同时觉得所认知的对象与自身缺乏相关性,会缺乏认知的动机;而只有情感参与,忽略认知的规律,教学会缺乏科学性与严谨性,认知的目的不能达到,情感的发展也缺乏基础。只有将几者有机结合,教学才具有生动性,学生也才能感受到认知的愉悦性,从而真正满足学生认知的需要。

　　由此可以总结出,课堂状态的维持,需要做到以下方面:(1)不断变换刺激方式,调动学生的多种感官,使其不疲倦,从而提高感知效率;(2)变换活动形式,独立学习、合作学习相结合,师生互动、生生互动相转换,使学生处于变化的活动中,并且有更多的参与机会,方能提高学习效率;(3)需要变化课堂的节奏,包括时间节奏、语言节奏与内容节奏。内容节奏的安排往往是这样的:开头要醒人耳目,一下把学生带入学习的情境,引起兴趣和注意;中间的论叙要善于变化,活动形式也要有所变化,使学生的有意注意和无意注意有节奏地交替转换;结尾要有余味,激起学生继续学习新知识的渴望。

以下方式可以让学生体会课堂状态调控的必要性:

播放一则微格教学视频(10 分钟以内),要求学生看了之后,填写表 8-3 至 8-6。

表 8-3　教学过程中学生所调动的感官

眼	耳	口	鼻	手

通过该表的填写,学生会对课堂教学中教师所采用的刺激形式产生直观的感受,提高教学行为对学生感知效率影响的认识,从而可以审视和反思自己的教学。

表 8-4　教学过程中教师所用到的变化技能(填"有"或"无")

声音	节奏	目光接触	面部表情	头部动作	手势	身体移动	媒体	学生活动

通过该表的填写,学生会对课堂教学中教师的教态变化有所认识,并增强对自身教学的指导作用。

表 8-5　教学过程中的师生活动时间

教师活动	学生活动	师生共同参与活动

通过该表的填写,学生会对课堂教学中师生的相互作用方式有所认识,从而优化课堂的组织形式。

表 8-6　教学过程中所呈现出来的课堂氛围(打"√"或"×")

沉闷	活泼	轻松	生动	紧张

通过该表的分析,学生会对课堂教学多一份觉察,对学生的情绪状态产生更多的关注,从而有意识地去对课堂状态进行调控。

课堂状态调控举例:以高中生物学"基因突变的实例"一节教学为例。

教师行为	学生行为及心理状态
展示图片及对应文字:The cat sat on the mat.	感觉有趣、疑惑:生物课怎么讲起了英语?

教师行为	学生行为及心理状态
提问:如果这句话抄错或漏了一些字母,意义发生哪些变化? 展示抄错句子并让学生翻译: The kat sat on the mat. The hat sat on the mat. The cat on the mat.	感觉有趣,放松,积极回答,继续疑惑中。
提问:假如在 DNA 分子中发生类似错误,将会对生物体产生什么影响?	恍然大悟,老师在运用类比思维。同时感到茫然,不知从哪个角度开始思考。产生期待,看老师如何分析。
展示镰刀型细胞贫血症的红细胞与正常红细胞的对比图。提问:两者有何不同? 如何产生的差异?	对镰刀型细胞贫血症感到新奇,同时对产生原因感到困惑。
展示正常血红蛋白与镰刀型细胞贫血症患者血红蛋白组成,让学生寻找差异。	认真比较,找出不同。较轻松。
提问:两种血红蛋白的差异又是如何产生的呢? 展示基因表达过程图,让学生通过讨论,填写图中空白,并抽学生回答。	感到压力,积极合作学习,寻求问题答案,学生共同进步。

上述教学过程中,教师通过变化教学行为,让学生看、听、说、动手相结合,既有激发学生兴趣的环节,也有让学生严肃思考、严谨推理的过程;既有轻松愉快的环节,也有督促学生学习的环节,使得课堂节奏、课堂状态随需要变化,提高了课堂教学的有效性。

[作业]根据专业确定一段教学内容,如物理的"参照物",让学生进行教学设计及展示。要求:要用到变化技能;要调动学生的多种感官;学生活动的时间尽可能多。

第三节　课堂互动的策略和方法

课堂教学是学校教育活动的主要形式,也是师生交流的主要渠道。课堂是学生学习知识的场所,也是学生交往和社会化的场所。学生通过学习他人、反思自己而得到学习和成长。课堂教学的开展形式,既反应了教师教学的理念,也反映了教师对师生双方角色定位的理解。随着课堂教学改革的深入,课堂互动模式也在不断的丰富和发展,由传统的教师讲、学生听到教师边讲边问、学生边思考边回答到师生相互讨论,再到学生自主探究。这当中所体现的教学观念也在不断发生改变,从以教师为主体逐渐改变到当下的以教师为主导、学生为主体;教师角色也在发生改变,教师角色从高高在上的权威逐渐转变为引导者、支持者与合作者。课堂也从教师处于支配地位、学生处于从属地位的"一言堂"变为每一个学生成为课堂的主体、课堂教学充分尊重学生认知特点的"群言堂"。

杜威在《民主主义与教育》中提到,教师在教学活动中不是把现成的教材提供给学生,也不是袖手旁观,而是要共同参与学生的活动,"在这种共同参与的活动中,教师是一个学习者,而学习者,虽然自己不知道,也是一位教师"。在以教师为主动、学生为主体的教学观念之下,教学过程成为教与学相互交往、相互影响的动态发展。在这个过程中,新型的师生关系得以重建,互动方式得以优化,师生交互影响,教学相长,教育质量得以提高,学生全面发展。

互动式教学把教学活动定位为师生间进行的沟通和交往,教学过程是师生相互交往、相互影响的动态过程。这种教学形式,体现了以发挥学生的积极性、能动性和创造性为前提,以创设民主、平等、和谐的教学环境为条件,以知识为载体,师生主动参与、共同发展的教学观。

[活动]猜人物。

操作方法:教师选定一个人物,但不告知学生是谁;学生提问,教师只回答"是"或"不是",直到猜出为止。

游戏特点:简单,操作容易。

游戏功能:让学生体验师生双向互动。这种活动也可以结合教学内容进行。

什么是课堂互动?钟启泉认为,课堂互动是调动参与课堂教学过程的各个主要要素,围绕教育教学整体目标的实现,形成彼此间良性的交互作用。[①]

从不同的角度,课堂互动可以分为不同的类型。从互动的主体来看,有师生互动和生生互动;从互动的内容来看,有认知互动、情感互动和行为互动;从意识性角度来讲,有内隐互动和外显互动等。[②] 在上述互动形式中,师生互动是最常见同时也是非常重要的一种类型,国内外学者对其研究也最多。

师生课堂互动行为的类型根据不同的标准有不同的划分。[③] 英国学者艾雪黎(B. J. Ashley)等人根据社会体系的观点,把师生课堂互动行为划分为教师中心式、学生中心式和知识中心式三种;利比特与怀特(R. Lippitt & R. K. White)等人从师生关系角度将之分为教师命令式、师生协商式、师生互不干涉式三种;国内吴康宁等学者根据教师行为对象,将之分为师个互动、师班互动与师组互动;根据师生行为属性划分为控制—服从型、控制—反控制型与相互磋商型;王家瑾等建立了一个三维坐标体系,将教师、学生和教材三要素分别作为三个维度来构成一个师生课堂互动模型。

师生课堂互动是一个周期性的过程,可以分为以下四个步骤[④]:(1)教师对互动情境加以界定的过程。即教师根据自身的期待,做出自身的行为选择,并构建特定的互动系统(包括互动的规范、内容及方式等),以控制课堂的互动。(2)学生对互动情境的界定过程。学生根据教师的界定及构建的互动系统,做出自身的行为选择。(3)教师与学生交互作用的过程。在这一过程中,教师与学生在各自的情境界定基础上,确定行为方式,并力图改变对方。(4)教师与学生的调整过程。在这一过程中,教师逐渐形成对学生的新的经验性认识,从而

---

① 钟启泉."课堂互动"研究:意蕴与课题[J].教育研究,2010(10):74.
② 韩琴,周宗奎,胡卫平.课堂互动的影响因素及教学启示[J].教育理论与实践,2008(6):42.
③ 亢晓梅.师生课堂互动行为类型理论比较研究[J].比较教育研究,2001(4):42—46.
④ 程晓樵.教师在课堂互动中的策略[J].教育评论,2001(6):5.

有可能修正自己对学生的期待;学生也会逐渐发展自己对教师的新的经验性认识,从而有可能修正自己对教师的期待。

课堂互动需要采用适当的策略来实现。传统课堂教学中同样存在互动,只是多数时候是教师命令式的支配性策略。如,教师提出一个问题之后,说:"我会抽一名同学来回答这个问题,答对的,加分;答错的,扣分。"教师利用自身的权力,来督促、强制学生参与互动。这种互动策略,学生的意愿未得到充分尊重,课堂体现的是教师的权威,学生是被动参与互动,学生的主体性被忽略,主动性未充分调动,教学效果就会受到影响。理想的互动策略,是师生平等的交流,是一个协商的过程。在这样的互动过程中,教师没有高高在上,没有强制措施,学生在认知需求的驱动下,在教师的适当引导下,自然进入互动。只是,协商式互动操作起来更难,对教师的要求较高。因为它需要教师在理念上的转变,真正的尊重学生,还需要有效的引导技巧。教师要与学生平等沟通,形成民主的课堂氛围;要善于创设情境,让学生主动参与;要善于启发学生思考,并引导学生主动参与活动;要善于进行组织教学,在互动中要管理好纪律、引导好思维并安排好活动。教师不仅要把学生看作是学习的主体,还应把学生看成是重要的教学资源,他们可以为课堂教学提供素材、提供榜样、给予启发。

另外,要实现互动,教师就不能平铺直叙进行讲解,而必须将教材所呈现出来的内容进行转换,以不同的形式进行表达,让学生参与其中。最常用的方式就是将教学内容问题化,将学生的学习形式合作化,将学习过程活动化。

将教学内容问题化,可以进行师生双向互动,教师可以通过提问启发学生思维,检验学习效果;学生也可以通过提问反馈学习情况,主动建构知识。将学习形式合作化,可以促进合作学习,促进学生相互启发,互相帮助,提高学习效果;将学习过程活动化,增加了体验机会,学生调动的感官更多,感知效率提高,不仅能提高认知效果,而且也有助于能力目标与情感目标的达成。

以高中生物教材"氨基酸的结构"一节教学为例。在进行"组成蛋白质的氨基酸"的结构特点的教学时,教材以文字并附插图进行了说明。其特点的具体文字描述是:每种氨基酸分子至少都含有一个氨基和一个羧基,并且都有一个氨基和一个羧基连接在同一个碳原子上。教学方法一:教师可以结合插图及文字进行直接讲解。这种直接讲解的方法操作容易,课堂容量也比较大,但缺点是缺乏互动,学生参与不足,学生的主动性调动不足,教学效率不高。教学方法二:展示几种氨基酸的结构图,让学生分组讨论,总结氨基酸的结构特点。该方式教师提出了要求:总结氨基酸的结构特点,这就是问题;学生解答问题,这就是师生互动;另外,学生分组讨论,就有了生生互动以及合作学习,学习效率得以提高。教学方法三:教师分发氨基酸分子结构各组成部分的模型,每个学生只拿一部分,让学生之间相互组合,拼出氨基酸的结构。该方法既具备方法二的优点,还有动手参与,学生的参与度更高,对学生的要求也更高,既要理解结构特点,还要拼出正确的氨基酸结构。不足之处就是教师的课前准备工作更多,对老师提出了更高的要求。通过这个例子,我们就能理解,通过将教学内容问题化,将学生的学习形式合作化,将学习过程活动化,就能增强课堂互动,提高教学效果。

[练习]结合自己专业特点,选取一则教学内容,设计一个教学片断,要求教学过程中具有提问、活动、合作。

第四节　小组合作学习模式的有效策略

[**热身活动**]头脑风暴活动,如:一个砖头有哪些用途?

操作方法:1.教师提出一具有开放性答案的问题,让小组成员自由联想,提出自己的答案,并请一位成员记录。操作注意事项:自由畅想;不予评论;追求数量;求异求新。

2.各组提交讨论分享记录,全班分享。

活动目的:让参与者体验到个体想法所呈现出的多样性以及活动中所体现出的竞争、热情感染以及思想的互相激发,从而理解小组合作的必要性。

合作学习是一种教学组织形式,于20世纪60年代末、70年代初兴起于美国,在其后取得实质性进展。该教学策略能改善课堂状态,大面积提高学生学业成绩,有效促进学生非智力品质的发展,故受到世界各国的普遍关注,并迅速成为一种主要的教学理论和策略。我国自上世纪90年代初期起开始合作学习的教学实验,其后该教学组织形式得到广泛应用。《国务院关于基础教育改革与发展的决定》中指出:"鼓励合作学习,促进学生之间相互交流、共同发展,促进师生教学相长。"

所谓合作学习,就是指以合作学习小组为基本形式,系统利用教学中动态因素之间的互动,促进学生的学习,以团体成绩为评价标准,共同达成教学目标的教学活动。[1] 合作学习主要奠基于社会学和心理学等学科之上,有其坚实的理论基础。其理论基础主要有:社会互赖理论(Social Interdependence Theory)、选择理论(Choice Theory)、教学工学理论(Classroom Instructional Technology)、动机理论(Motivational Theory)、凝聚力理论(Cohesiveness Theory)、发展理论(Developmental Theory)、认知精制理论(Cognitive Elaboration Theory)以及接触理论(Contact Theory)等。[2]

由于在合作学习中学生既有分工,又有合作,所以成员间可以互相学习,互相帮助,同时学习合作与交流。《学记》中说:"独学而无友,则孤陋而寡闻。"就是说通过合作学习可以使成员集思广益,互相取长补短。同时还由于合作学习的评价方式主要以团体成绩为准,故成员之间有义务有责任主动地相互依赖,进一步促进了团体成员的齐头并进。另外,在班级授课过程中,当学生数量较多时,教师对学生个体的关注度会不足,难以满足学生个体的不同需求,此时,分组学习还可以弥补这个不足。通过分组学习,学生的个体需求可以通过小组得到满足。因为小组成员发展的差异性,成员之间可以互相学习,先学会的可以带动尚未学会的,从而实现齐头并进。

合作学习主要包含五个基本要素:[3]

(1)正相互依赖(Positive Interdependence)。即在小组成员内部建立一种休戚相关、荣辱与共的关系。这意味着,每个人都要为自己所在小组的其他同伴的学习负责。

---

① 周广强.教师专业能力培养与训练[M].北京:首都师范大学出版社,2007:4.
② 王坦.合作学习的理论基础简析[J].课程·教材·教法,2005,25(1):30-34.
③ 曾琦.合作学习的基本要素[J].学科教育,2000(6):8-11.

（2）个人责任(Individual Accountablity)。即小组的每个成员必须承担一定的任务,小组的成功取决于所有成员个人的学习状况。小组成员要有明确的分工,这样小组的任务才能落实,避免小组责任无人承担或仅由少数人承担的现象。

（3）社交技能(Social Skill)。小组成员间的良好合作需要小组成员间的有效沟通。这就需要小组成员学习并掌握一定的社交技能,包括自我表达、倾听他人表达、相互交流思想、在动手操作上进行协作等。社交技能是合作学习的条件,反过来,合作学习也可以锻炼学生的社交技能。

（4）小组自评(Group Processing)。为确保合作效果,小组内部需要对合作学习进行过程管理。过程管理需要小组定期地评价小组成员的工作情况、衡量小组整体的进展。小组自评主要包括总结经验、分析问题、明确努力方向等方面。

（5）混合编组(Heterogeneity)。即合作学习的分组方式,就班级授课制而言,以"组内异质,组间同质"为宜。所谓组内异质,是指组内成员在能力、性别、性格特点、成就水平等方面存在差异。所谓组间同质,是指在一个教学班内所分的各小组,在人员组成方式上相近。组内异质,成员间就存在不同的观点、不同的知识背景以及不同的学习进展等方面的差异,可以促进成员间思维的相互碰撞以及互帮互学;组间同质,可以便于教师的统一指导。小组的规模需适宜,3～6人为最佳。人数过多,成员之间面对面交流的机会就会相应减少,可能会出现部分人说话机会减少甚至完全无发言机会的情况。

合作学习的教学策略一般为:(1)选择有意义的合作主题;(2)选择适当的合作时机,如:学生思维受阻、产生困惑时;学生意见有分歧时;任务较复杂,学生单独无法完成时等;(3)培养学生合作意识和技能,提高学生参与度;(4)开展评价与过程监控。

合作学习的方式较多,有拼接式、小组调查式、分享式、竞赛式等。龚雄飞将其归纳为三种类型:项目分工式、同伴研讨式、问题互助式。(1)项目分工式是指小组成员分担不同角色,承担不同功能,共同完成任务的小组合作方式。如:音乐课上,以小组为单位完成歌曲的创作及表演时,创作部分可以共同完成,而表演过程中,小组中成员的角色分别有:指挥、演奏、演唱者等;(2)同伴研讨式则是将学生群体有困惑或分歧的内容,让学生进行辩论或研讨,通过观点的碰撞,将道理分析透彻的合作方式。这种方式应用最为广泛;(3)问题互助式即小组成员互帮互助,共同学习的合作组织形式。如:小组成员根据学习能力进行异质分组,在完成学习任务时先学带动后学,从而解决班级授课制中教师很难顾及个体发展情况差异性所带来的不利影响。

以上三种合作学习形式中,以同伴研讨式最为常见,下面通过两个例子进行详细说明。

合作学习的应用举例:

1.小组合作,完成一个设计性实验,并撰写实验报告。

评价方式:以小组为单位,随机抽取成员上台作实验报告并完成答辩,报告及答辩的成绩为本组所有成绩。

案例评析:要完成该设计性实验,需要设计实验方案、取材、配试剂、进行实验操作、采集数据、分析结果并得出结论、撰写报告等。

这些工作的完成,通过分工合作效率更高;而以随机抽取报告人作报告并答辩的方式,可以检测出该成员的参与情况及本小组的工作情况,可以有效的评价该小组的分工与合作的情况,实现了对成员及小组的评价,促进了成员的有效参与。

2.课堂教学小结时,以小组为单位进行小结。

要求小组成员列出本节课所学习的知识,并简要说明知识之间的关系,小结的结果用概念图或思维导图等形式表示。

教师评价方式:随机抽取一位成员发言,汇报小结结果,该成员的汇报成绩即为该组的成绩。其余未抽到的组的成绩以上交的图评分。

其他小组合作的分类方式中,拼接式也是教师经常采用的方法。如在生物教学中,关于消化器官的学习,可以采用切块拼接的方式进行。将学生安排在由 6 人构成的小组中,每人分别承担一至二种消化器官的学习。各个小组中学习相同内容的学生组成"专家组",在一起共同讨论他们所要学习的那部分内容,直至掌握。然后这些学生分别返回自己的小组,教给其组员自己所学习的那部分内容。由于每个学生学习的内容是不一样的,所以他们会认真倾听组员的讲解,建构自身的认知。小组成员表现出相互支持的动机和对彼此任务的兴趣,最终达到齐头并进的效果。

合作学习有一定的适用范围。首先,不是所有学习内容都适合。适于合作学习的内容往往具有以下部分特点:(1)问题具有开放性。开放性的问题适合探讨,可以培养学生的思维的发散性和灵活性,既可以提高学生的思维能力,也可以培养学生的参与意识。(2)学习任务具有可分解性。大的学习任务可以分为若干个小的学习任务,从而分配给不同的组员完成,成员完成后再通过合作,拼接出完整的结果。(3)任务学习过程中学生的学习情况具有差异性。在班级授课制中,由于教学面向全体学生,难以照顾学生的个体差异,所以,学生认知能力的差异性决定了学生在成就水平上会产生差异,这种差异就给互帮互助的合作学习奠定了实施的基础。其次,合作学习也不是在任何条件下都能实施。合作学习还需要足够的时间和空间。再次,合作学习的另一个难点还在于怎样让成员真正合作起来。可能存在的情况是:部分成员不参与,个别学生承担了主要责任。解决的方法是:要加强对学生合作能力的培养,要完善评价机制,要让团体成绩与个体成绩结合起来,这样就可以避免出工不出力的情况。

[练习]以小组为单位,进行微格教学训练:训练某项教学技能,如导入、提问、讲解技能等。所有成员都训练同一项技能,轮流参与。训练中体验不同角色(教师、学生、同行等)的作用,并比较合作训练与单独训练的不同。

第五节　思维导图的学习效果和运用技巧

思维导图是由英国教育学家、心理学家托尼·布赞(Tony Buzan)于上个世纪 60 年代提出的一种思维工具,已经在英国、美国、澳大利亚、新加坡等国家的教育领域得到广泛应用。

思维导图与传统的直线记录方法完全不同。思维导图以直观形象的图式建立起各概念之间的联系,它往往是从一个主要概念开始,随着思维的不断深入,逐步建立的一个有序的发散的图。它是对思维过程的导向和记录,因此思维导图又称脑图、心智图(Mindmap)等,是一种放射性思维(Radiant Thinking)的表达方式,是一种将放射性思维用图形加以具体化的方法,是以图解的形式和网状的结构,用于储存、组织、优化和输出信息的思维工具。人类的神经细胞是呈放射状的,思维特征也是呈放射性的,进入大脑的每一条信息,都可作为一个思维分支表现出来,它所呈现出来的就是放射性立体结构。思维导图模拟、利用大脑的连接方式和信息加工的方式。

思维导图是一种强大的图形技术,这种技术为开发大脑潜能提供了一种通用的工具。从知识表示的能力看,思维导图呈现的是一个思维过程,是知识和思维过程的图形化表征,学习者可以通过思维导图迅速掌握整个知识架构,从而有利于直觉思维的形成,促进知识的迁移。思维导图很好地体现了建构主义学习理论,在教育教学中产生了积极的影响。在国外,思维导图的研究已经进入有规模、有组织的阶段,而国内的研究目前相对较少。

思维导图特别适用于制作读书笔记、复习以及制定计划等,对收集和整理信息十分有用。有人针对高一化学绘出了如图 8-1 的思维导图。

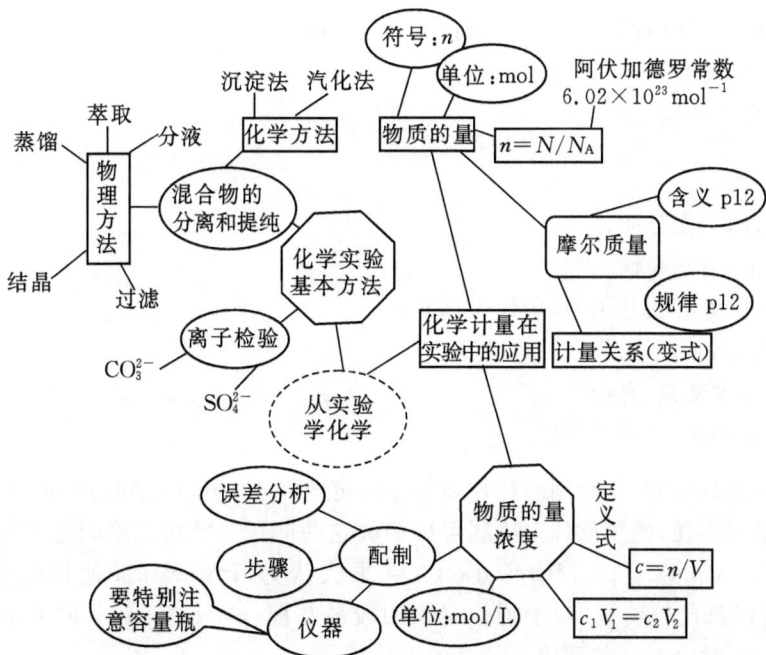

图 8-1　高一化学思维导图

使用了思维导图之后,使得思维流程化、图形化、图谱化、清晰化,使思维清晰可见.所以,发明者发现,相对于用线性方法制作笔记,用导图记笔记的好处有:

(1)只记忆相关的词可节省时间:50%到95%;

(2)只读相关的词可节省时间:90%多;

(3)复习思维导图笔记可节省时间:90%多;

(4)不必在不需要的词汇中寻找关键词可省时间:90%;

（5）集中精力于真正的问题；

（6）重要的关键词更为显眼；

（7）关键词并列在时空之中，可灵活组合，改善创造力和记忆力；

（8）易于在关键词之间产生清晰合适的联想；

（9）做思维导图的时候，人会处在不断有新发现和新关系的边缘，鼓励思想不间断和无穷尽地流动；

（10）大脑不断地利用其皮层技巧，越来越清醒，越来越愿意接受新事物。①

思维导图的制作方法简便易行，主要步骤如下：

（1）准备一张较大的白纸、铅笔和几种彩色水笔；

（2）确定所关注的主题，并标在纸的正中，尽量用有颜色的图形来表示；

（3）运用发散思维，把想到的词确定为二级主题，并将主题与二级主题用柔和的、颜色不同的曲线连接起来；

（4）用同样的方法确定各二级主题以下的各级主题，并连接起来，形成一个由内向外的、分支越来越多的放射状的图。分支从大到小，线也由粗变细；

（5）在每条线上使用一个关键词；

（6）自始至终使用图形。

绘制中要注意：

（1）布局合理，层次分明；

（2）图形简洁，清楚易懂；

（3）避免交叉，如有交互关系，用代码标明；

（4）字体、线条和图形尽量多一些变化；

（5）手法要适度夸张、有趣；

（6）颜色搭配和谐，总体效果好。

一幅理想的思维导图，在绘制后往往需要作一定的修改。由于纸质绘制的图形修改、保存及传播都不是很方便，使用软件来绘制可以解决这些问题。常用的绘制思维导图的软件有 MindManager，MindMapper，Inspiration。赵国庆认为，Inspiration 使用起来最简单；MindMapper 的线条比较美观，对于初学者来说较易掌握；MindManager 的专业化程度最高，入门难度较大，适合对功能要求比较高的人使用。②

［练习］以当天的教学内容为主题，以小组为单位绘制出思维导图，全班进行展示和交流。

［阅读］论文节选

---

① 托尼·布赞.思维导图［M］.叶刚，译.北京：中信出版社，2009：4.

② 赵国庆.概念图\思维导图教学应用若干重要问题的探讨［J］.电化教育研究，2012（5）：82.

协作建构思维导图在数学复习课中的应用探究①
吴志丹

三、协作建构思维导图应用于数学复习课的探索

基于对协作建构思维导图概念及优势的分析，针对数学复习课的现状，笔者将协作建构思维导图的方式应用于数学复习课教学中，取得了良好的教学效果。现以高等数学"函数与极限"的复习课教学作为案例。

（一）教学设计原则

1. 自主参与原则

体现"以学生为主体、教师为主导"的理念，实现学生的真正参与，充分发挥学生的主动性和创造性。教学应充分体现"知识让学生疏理，规律让学生寻找，错误让学生判断"，从而充分调动学生学习的积极性和主动性，激发学生的学习兴趣。

2. 系统网络原则

复习课就是要引导学生建立良好的认知结构，让学生把知识片段联结起来，形成逻辑严谨、层级分明的知识网络体系。就好像学习体操时，我们先学习分节动作，然后再连接起来一样，要在知识片段之间建立明确的联系，将整个模块呈现给学生。

3. 应用拓展原则

复习课不是简单的重复，而是对知识的综合和升华。教学中要让学生主动思考、展开联想，要求学生能在不同的情境中应用它们去解决实际问题，促进知识的迁移，从而使学生的应用能力得到发展。

（二）课前准备

1. 学习思维导图

课前要让学生清楚什么是思维导图，它的用途是什么，以及如何绘制思维导图，这是教学顺利实施的前提。利用多媒体教学设施，向大家演示 Inspiration 软件的使用，介绍建构思维导图的具体操作，包括确定主题、列出相关概念、连线并建立概念之间的关系、扩展和修正思维导图等一系列步骤。

2. 布置主题

复习课信息量很大，为切实提高复习效率，要向学生们布置复习课的主题，并交代所要建构的知识模块的主要知识点，学生需要先行建构个人的思维导图。

3. 分组协作

采用小组协作的方式来完成思维导图的建构。课前要分好小组，规定每四人组成一个小组，遵循自愿原则，自由组合，以便于小组内部的交流协作。

（三）课堂实施

1. 创设情境，引入主题

根据复习课的主题以及重要知识点之间的内在联系，设计若干问题来引导学生对知识进行梳理。在"函数与极限"的复习课中，笔者设计如下五个问题：

---

① 吴志丹.协作建构思维导图在数学复习课中的应用探究[J].电化教育研究,2010(7):109-110.

问题一：极限的定义。

问题二：极限的计算方法有哪些？

问题三：函数连续的定义，间断点的分类，连续函数的性质。

问题四：无穷小、无穷大的定义和性质，以及它们之间的关系。

问题五：闭区间上的连续函数有哪些性质？

通过这一系列的问题，唤起学生对知识的记忆，让学生在回答问题的过程中，逐渐完善思维导图的建构。

2．组内合作，协作探究

在组内协作探究环节，每名学生都要提出自己的观点，并参照问题，协作完成思维导图的建构。教师可以深入到学生之中，及时发现问题，及时给予适当的指导。在协作探究中，每个小组都形成了具有鲜明个性的思维导图。

3．小组汇报，交流共享

在各小组完成思维导图后，由各小组组长代表小组汇报成果图，陈述探究的思路和结论，对其他组的提问和质疑，作出解释和回答。在这一环节中，学生们集思广益，实现知识的交流和共享，教师可以给予适当的启发和补充，作出适当的点评。

4．修改完善，总结点评

在教师的引导下，通过组间的交流和探讨，学生进一步优化小组思维导图，从而学生的知识体系趋于严谨、完善。在此基础上，教师将各个小组的思维导图进行组合加工，形成全班成果图，教师总结点评。

5．拓展迁移，课堂测试

为检验协作建构思维导图的效果，进一步拓展知识，笔者进行了一次随堂测试。测试题共计五题，其中最后一题为综合性题目。学生们反映，通过搜索头脑中的思维导图，可以快速准确地解决问题。全班 32 名同学，1～4 题的正确率达 96.9%，最后一题正确率达93.8%。可见，协作建构思维导图可以促进知识的拓展和迁移，学生能够在思维导图引导下进行分析、比较、推断、综合等高级思维活动，达到了预期效果。

四、结论

协作建构思维导图给数学课堂带来了新鲜和活力，学生真正主动参与到教学之中，建立起一种师生平等、互动、轻松、愉快的课堂教学；学生通过思维导图将零散的知识点主动构建成有机的脉络体系，形成了良好的认知结构；学生综合运用知识解决问题的能力得到提高。实践表明，协作建构思维导图应用于数学复习课的教学是有效的。当然，这种教学模式对教师提出了更高的要求：教师的引导要适度，点评要适当，驾驭课堂的能力要不断提高等等。展望思维导图，它在数学教学中的应用还待于作更深入的探索与实践。

第九章 教师心理健康与自我调控

教育——这首先是活生生的、寻根究底的、探索性的思考。没有思考就没有发现（哪怕是很小的、乍看起来微不足道的发现），而没有发现就谈不上教育工作的创造性。请你记住，在心理现象的众多规律性中，每一条规律性都是通过千万个人的命运表现出来的。我坚定地相信，刚从师范院校毕业出来的教师，只有在自己整个的教育生涯中不断地研究心理学，加深自己的心理学知识，他才能够成为教育工作的真正的能手。

——苏霍姆林斯基

第一节 教师心理健康的重要意义

[案例]教师们的心理困惑

"我是一个年轻教师，工作三年多了，作为班主任一看到学生不听话就总想发火，而且又要面对沉重的升学压力，孩子们不急我却急得经常暴跳如雷。虽然工作成绩家长和学校都是很认可的，但我不满意自己在这个过程中发了火。如果我不发火，工作是不是更好做呢？或者不发火，工作一样能够完成，那又何必增加学生和我之间的隔阂呢？"

"我一向不服输，过去工作再苦再累我都能忍受，可近来不知何故我开始变得脆弱、多虑，常常是事情还没开始做，便事先设想出多种后果，老是担心教不好课，担心教学质量上不去，担心最后考不过人家。总之，考不完的试，做不完的活，操不完的心，压得我透不过气来，整日惶恐不安、心绪不宁，几乎无法正常工作和生活！"

上述两则案例反映出当前在教学任务繁重、升学压力过大、工作超负荷的现实情况下，许多中小学教师真实的生存状态。教师作为学校心理健康教育的主力军和推动者，教师心理健康在心理健康教育中具有重要意义，尤其是在学校心理健康教育中，其价值超越了教师的知识本身。教师的人格与心理健康比教师的专业学科知识和教学方法更为重要，教师不仅在对学生传授知识，更是在塑造人格。教师对学生的影响，不仅可以通过实际的教育、教学过程和学生管理工作来实现，而且教师自身的人格特点和心理健康作为一种重要的教育资源，也会对学生产生深刻、潜移默化的作用。同时，教师的心理健康，还直接影响到教师自身的身体健康、生活、工作及家庭幸福。

一、教师基本职业素质及职业特点的要求

(一)心理健康是教师的基本职业素质

教师的心理健康是从事教育工作的必要条件,是实施素质教育(心理健康教育)的重要保证。在教育工作中,一切都应该建立在教师人格的基础上。因为只有在教师人格的活的源泉中才能涌现出教育的力量。

1.教师的心理健康影响课堂教学效果

在教学过程中,教师的人格特征与心理状况是一种不可忽视的教学力量,它将直接影响着学生的非智力因素(兴趣、动机、情绪、意志、性格等),进而影响课堂教学效果。

首先,教师对工作充满热情,对教学表现出浓厚的兴趣,不仅使他们能主动地接近和了解学生,研究教学规律,而且能通过各种途径激起学生的求知欲,激发学生对学习的兴趣。

其次,教师在课堂上轻松愉快的心境,可以让学生产生愉快的情感体验,使学生的创造性思维及想象力明显提高;相反,如果教师表现出情绪低落、精神萎靡不振或暴躁易怒等不良的心态,就会使课堂心理气氛紧张,使学生感到压抑,思维活动受束缚。

此外,教师良好的心理品质和人格特征,对学生有强烈的吸引作用,使学生"亲其师,信其道",愉快地向教师学习,甚至把教师作为崇拜的偶像。这种良好的师生关系的形成,可以激发学生的学习动机,有利于课堂教学效果的提高。

2.教师的心理健康影响学生的心理健康和人格健全发展

在学校教育中,教师心理健康不仅能对学生心理健康的发展产生直接的、积极的影响,而且有助于教师形成较强的心理健康教育能力。

一方面,教师和学生朝夕相处,教师的一言一行,都是学生摹仿的榜样,教师心态良好,意志坚强,有进取心、同情心、创造力,人际关系协调,人格完善,能迅速调节不良情绪,就能与学生建立良好的师生关系,能以自身健全的人格力量和健康的心理去影响学生,使学生在潜移默化中养成良好的心理品质;反之,人格不完善、心理不健康的教师,常常是赏罚无度、喜怒无常、冷漠粗暴,很容易引起学生情绪困扰、适应不良,甚至发生心理障碍和形成一些消极的人格特征。

另一方面,学生成长过程中出现的心理问题需要人格健全、心理健康的教师的指导。青少年学生正处于心理发展的关键时期,但由于他们身心发展还未成熟,大脑兴奋与抑制不平衡,生活经验少,自控力差,又缺乏分辨力,因此,在生活和学习中往往容易产生程度不同的心理障碍、交往障碍和青春期情绪困惑等问题。只有心理健康的教师,才能使这些问题得到及时、有效的教育和指导。

[链接]教师影响学生最重要的人格特征

1.精神振作,还是沮丧。

2.兴趣广泛,还是狭隘。

3.性格暴燥,还是稳定。

4.意志坚强,还是懦弱。

5.做事果断,还是犹豫不决。

6.思考有条理,还是杂乱无章。

(二)心理健康是适应教师职业特点的要求

大量研究表明,教师是诸多职业中最具压力和应激性的群体。教师职业压力将导致教师出现不稳定情绪,增加消极行为,从而引发心理健康问题。教师职业之所以具有高压力性,可以从以下几方面进行分析:

1.教师职业生涯发展特点

(1)无生涯性。教师职业生涯没有职位高低之分,难以有晋升的机会,所有教职员的身份都几乎相同,并且长期固定在同一种工作上,角色局限化。

(2)高独立性。教学是教师的主要工作。教学中的一系列工作都需要由教师个体独立完成,必须以自己的认知、思想和行为去面对学生。教师与外界合作的机会很少,这一特性贯穿于教师生涯的每个阶段。这就在一定程度上缩小了教师的社会支持系统。

(3)工作对象的强同质性和高差异性。教师每天工作面对的都是身心发展各方面相近的学生群体,但每个学生的个别差异又是很大的。班级授课与个别化教学的矛盾因此而突显,增加了教师工作的负荷量。

(4)与工作对象的年龄差距呈增大趋势。在教师的整个职业生涯中,教师所面对工作对象的年龄等特质变动很小,而与此同时教师的年龄在不断增长着。这就会不断引起教师的再适应问题。

(5)强示范性。教师在教育工作的各个方面和各个阶段都具有强烈的示范性。教师的一言一行、一举一动在学生眼中都是学习的资源,特别是在潜移默化特质较强的人格方面,尤其是在教师职业价值重心逐渐从传道、授业、解惑转移到人格的发展和完善的现代教育环境下,这就不可避免地增加了教师的自我概念同一的困难,并因此而容易造成教师人格与角色的困扰。

(6)时空相对无限性。教师工作的时间和空间远远大于其他职业。虽然在表面上教师有更多的自由时间支配,但鉴于其职业角色的多样性,在整个职业生涯过程中,教师的每个时空段都几乎不能完全摆脱其教育工作的性质。此外,教师的职业生涯过程也是教师的社会化过程。由于职业本身的要求,教师在职业生涯发展中还会有各种各样的危机,遭遇到各种不适应状态,如职业倦怠期。

2.教师职业角色特点

教师作为一种职业有其特定的角色要求。这种职业角色是以有益于教育和社会进步为指向的。在社会文化中教师要扮演促进文化进步的角色;在学校中要扮演以学生利益为前提、献身教育事业、信守教育信念的角色,如学生学习的发动者、促进者、人格塑造者、人际关系协调者、心理卫生工作者、父母形象、朋友与知己、学习者等等。大体可概括为教学与行政角色、心理定向角色和自我定向角色。这些角色具有导致角色冲突和压力的重要特点,从而成为造成教师心理健康问题的重要方面。

（1）教师角色责任的弥散性。由于教育成果体现的延时性和无形性，教师难以判断成就目标的达成与否，难以预测自己何时成功地完成一项任务。这种成就动机的延迟性满足，使得教师的育人角色的责任范围无限扩大，从而与教师成就感的满足形成一对矛盾。

（2）教师角色期望的严格性。角色冲突的性质是导致角色冲突的基本原因。教师的角色期待具有较强的理想色彩，人们眼中的好教师、优秀教师、合格教师在一定程度上都是脱离现实的，与教师首先是一个普通人的概念形成反差。因此，教师作为基本的社会人与自然人的统一体的人的需要，必然与理想化了的教师形象冲突，形成压力。

（3）教师角色的易混性。首先，社会各界目前对教师的标准还未形成统一的观点，对于教师的角色期待及其理想模式，不同的人有不同的看法，致使教师的角色扮演无所适从，无法获得关于自己的明确的角色期望。如教育理论要求发展每一个学生，而教育现实要求升学率。其次，诸多教师角色中，有许多角色是相矛盾的，即两个角色或两个以上的角色同时提出两种相反的或难以协调的角色行为要求，如朋友角色与权威课堂管理者角色。

（4）教师角色的多重性。首先，多重角色除易产生角色混乱外，还会对教师的角色扮演和角色转换能力提出高要求。这就使得教师角色要求过多，角色负荷过重，超出了教师能力所限，且在角色中，社会要求扮演的角色与教师自身价值系统所认同的角色不可能完全一致，甚至是相互矛盾的，即产生了角色内冲突。由此造成的教师认知失调是产生心理问题的重要原因。其次，社会公众所认同的教师形象对教师本身的影响也是根深蒂固的。他们的价值体系中也在追求着这种形象，但理想化教师角色的难以实现与教师人性决定的实现程度构成了冲突。

3.教师职业劳动特点

（1）教师职业劳动的复杂性与艰巨性。教师职业劳动具有复杂性与艰巨性，这是由教师的基本职能、教师的劳动对象和教师的劳动手段的特殊性决定的。心理健康是人们正常生活和积极工作的基础。教师的身心健康，既有利于个人的成长与发展，也有利于教学质量的提高。

（2）教师劳动的长期性与示范性。教师劳动的长期性主要是指教育周期长。所谓"十年树木，百年树人"，就说明了培养人才的周期比较长的特点。教师劳动的示范性表现为教师将自身的各种特性作为手段去影响和感染劳动对象，以使受教育者的身心发生预期变化。

（3）教师劳动的创造性与情感性。教师劳动的创造性表现为教育对象的差异性。由于每个学生都有自己的生理心理特点，因此教育教学中要注意个别差异，因材施教，这就决定教师要有创造性。教师劳动具有情感性是教育劳动主体与客体都是有思想有感情的人。只有在长期的、连续的教育过程中建立真诚融洽的师生情感才能提高教师威信，增强教育效果。

二、社会发展的客观要求

首先，当今信息化社会正在以前所未有的知识高速更新及多元化价值观念冲击着人们的思想和行为模式，这对教育、教师职业的生存和发展产生了巨大的影响，成为教师心理矛盾和冲突的重要诱因，且加剧了原有的一些矛盾和冲突，从而加重了教师的心理压力。具体表现在：社会要求加强学生的思想教育、解除学生的信仰危机与教师理论缺乏的矛盾；社会提供的个人发展机遇的增多和教师不安心本职工作的心理冲突；社会不良风气的冲击和教师教育上的"有心无力"的无奈情绪；社会要求培养具有新知识、新技能的劳动者和教师的知识、技能老化趋向的冲突；信息化社会获取知识的多渠道性使教师逐渐丧失了知识权威的形象，进而引发了教师职能的转移和教师权威性的损毁，使教师工作的操作发生困难。

其次，知识的高速更新要求教师必须不断更新自己的知识体系和结构，不断充实、提高自己。这无疑增大了教师的压力。而在教师压力增大的同时社会却缺乏对教师应对方式的指导及对教师有力的支持和帮助。

再次，教育系统由于社会的变革也不得不进行自身的变革而求得适应与发展，而教育改革的内容和形式在一定程度上可能并不完全适合教师的实际，致使教师的适应产生困难。如改革对教师提出了过高的要求，在现实中执行的更多的是教师的义务。此外，社会价值导向的市场化加剧了教师对自身理想的角色模式的困惑，传统教师人格的破坏引起了教师新的角色适应问题。

三、教师自身发展的要求

关于教师心理健康的问题，国内的许多专家学者也进行了大量的研究。大量调查研究认为，教师身心健康状况比国内普通人群要差一些，主要表现为强迫症状、人际关系敏感、焦虑、恐惧、躯体化症状等方面。具体表现为一些教师有时无法控制自己的想法、与人交往不自在、容易猜疑等。因此，教师作为自然人和社会人的个体，无论在职业发展方面还是在个人生命质量的提升方面，心理健康都是不可或缺的内容。

第二节 教师心理健康的标准

教师的工作从本质上说就是灵魂和灵魂之间的交流与影响。因此，健康的心灵就成为教师有效工作的基础。只有心理健康的教师才能促进学生的健康发展。教师的心理健康不仅是其重要的专业素养和必备的职业品质，更是其自身素质结构的核心要素，它影响着教师自身的生活质量和人生幸福。

一、教师心理健康的内涵

所谓教师的心理健康是指教师除了具备一般个体心理健康的基本特质外，还应具有教师职业所决定的特殊性质。教师的心理健康是与教师的心理素质紧密联系的，心理健康是教师最基本的心理素质，具备教师心理素质的心理必然是健康的。

教师心理素质是指教师在教育教学活动中决定其教育教学效果、对学生身心发展有显著影响的、在心理过程和个性心理特征方面所表现出来的本质特征。它是一个结构和过程相统一的系统，该系统内部包含行为、知识、能力、观念、人格等成分。

教师心理素质作为一个系统,如果其结构完整,在与环境、他人互动过程中各个成分能协调有效运行,那么其心理就是健康的。一个心理健康的教师往往具有正确的自我认识、良好的心境、适度的情感反应、和谐的人际关系、健全的意志品质、统一完整的人格、良好的社会适应,教学中能够营造良好的心理氛围和课堂气氛,使学生具有满意愉快的良好情绪状态。

二、教师心理健康标准

作为教师心理健康的主要指标,既要符合一般人心理健康的要求,又要体现教师职业的特殊性。教师心理健康标准应包含两个方面的内容:一是提高教师的心理健康水平,二是对教师存在的心理问题或疾病的预防和治疗。具体体现在以下几点:

1.认同教师角色,悦纳教师职业

认同,主要是指如实正确认知自我和自己的角色;悦纳,就是愉快地接受自己的职务现状并为之发展创造条件。认同自己的教师职业身份并且愿意从事教师工作、对之充满信心和情感,是教师心理健康最基本的标准之一。

2.具有和谐的教育人际关系

教师的人际关系是否良好,是衡量教师心理健康的又一指标。教师的人际关系主要表现在教师与学生、教师与学校领导、教师与学生家长的人际关系以及教师之间的人际关系。这种教育人际关系构成了教师工作、生活的特殊环境,对教师的工作和心理健康状态具有重要影响。这种特殊的教育环境,一部分是受外界力量的影响而变化的,另一部分则是受教师自身力量的影响而变化的。能否搞好教育人际关系,关键在教师本人的心理水平和处理各种教育人际关系的心理素质。要取得和谐的教育人际关系,教师必须从自己做起,设法缩小教师群体之间的心理距离,加强相互了解和谅解,求同存异。

3.教育环境的良好适应和改造

对教育环境的适应和改造是指对不良环境的改造,对良好环境的适应。有的教师不能适应发展、革新的教育环境,对教育事业的新事物格格不入,这是心理不健康的表现。但一味强调教师适应环境,不论是良性的还是恶性的,对外部教育环境毫无反抗能力,这是心理的软弱性,是不能很好地去改造不良环境的,因而也不是教师心理健康的表现。

因此,适应和改造两方面的标准都得兼顾。对良好的教育环境,教师要以健康的心理状态来适应,同时教师的适应不是消极的,而是积极的、主动的。对不良环境,教师应凭着自己健康的心理状态,给予积极改造,用自己的能动力量去影响周围的教育环境。

总之,心理健康的教师能够对现实环境有正确的感知,能平衡自我与现实、理想与现实的关系。在教育活动中主要表现为:(1)能根据自身的实际情况确定工作目标和个人抱负;(2)具有较高的个人教育效能感;(3)能在教学活动中进行自我监控,并据此调整自己的教育观念,完善自己的知识结构,做出更适当的教学行为;(4)能通过他人认识自己,学生、同事对自己的评价与自我评价较为一致;(5)具有自我控制、自我调适的能力。

4.具有稳定而积极的教育心境

教师的教育心境是否稳定,是否乐观、积极,将影响教师的整个心理状态。当一个教师的心境处于不良状态时,如缺乏教育信心、具有教育紧张感、烦躁、忧郁、怕管理学生时,他们的情绪、认知,甚至个性都会出现异常表现。

如果一个教师具有乐观积极的教育心境并长期稳定下来,其潜在的心理能量就会在整个心理生活中迸发出来,他们会对教育充满信心,对教育顽皮的孩子有了直接兴趣,以培养孩子作为乐趣,整个教育工作有了朝气,教师的生活也更加充实和有意义。教师有良好的教育心境,也能使教师处于欣喜状态,头脑清楚、提高工作效率、克服前进中的困难。

具有稳定而积极的教育心境主要体现在教师在教育活动和日常生活中,能够真实地感受情绪并恰如其分地控制情绪。具体表现在:(1)保持乐观和积极的心态;(2)不将不愉快的情绪带入课堂,不迁怒于学生;(3)能冷静地处理课堂情境中的不良事件;(4)克制偏爱情绪,一视同仁地对待学生;(5)不将工作中的不良情绪带入家庭。

第三节　教师心理健康调控的方法和技巧

促进教师的心理健康从根本上说还得靠教师的自我维护。然而现实生活中,很大一部分教师在遇到压力的时候,都是采用"逃避""回避问题""消极等待"等策略,导致问题进一步恶化。因此教师有必要学会有效的心理调整策略,懂得如何去应对压力,以把压力的负面效应降到最小化。

一、认知调整策略

(1)积极乐观、豁达宽容的人生信条。比如相信国家的未来是美好的,现在遇到的如应试教育等问题是暂时的,肯定会解决。与人为善,同事的主流是好的,同事之间没有什么大是大非的冲突,没有什么解决不了的矛盾。知足者常乐,顺其自然,对物质需求随遇而安等。

(2)坚定自己的教育信念,认识教育工作的价值和乐趣。热爱自己所从事的教育事业,如果重新选择职业还会当老师,认为为人师表是光荣与神圣的,而且乐多于苦。

(3)换个角度看问题。如强调理解沟通,从对方的角度看问题,思考问题,体谅宽容。关注生活中积极向上的东西等。

二、情绪调整策略

主动应对不良的情绪,保持积极乐观的情绪,是战胜压力的首要前提。

(1)先解决情绪问题,再处理实际问题。教师遇到挫折情绪烦恼时,要先意识到自己的情绪状态出了问题,马上主动采取认知改变或其它方法加以调整,让自己的第二天又是崭新的一天。

(2)静心反思。感觉自己状态不佳,就会自己有意识地找时间让自己冷静下来,静下心来好好想一想,理顺思路,这是教师心理健康的表现。

(3)用健康的情绪代替不健康的情绪。有意识地找些放松开心的事情去做。

(4)使用情绪冷静的语言。遇事提醒自己冷静,不把小矛盾变成大矛盾。

三、时间管理策略

(1)明确目标,制定计划。

(2)今日事今日毕,绝不拖拉。

(3)总结自己的时间消耗情况及时间利用状况,找出浪费时间的活动并消除它们。

(4)应用各种技巧和方法来节约自己的时间。

四、身心放松策略

(1)与朋友聊天发泄,逛街购物(适用于女性教师)。

(2)洗澡按摩放松。

(3)锻炼身体。

(4)张弛有度的生活节奏。

此外,以下是当前被广泛使用的三种放松方法:

1.腹式呼吸放松训练

作用:(1)增加吸氧量,使你可以获得比正常浅呼吸多七倍的氧气量。(2)可以使副交感神经兴奋,并且起到松弛作用,使神经系统趋于平静。(3)减轻压力,缓解紧张,充沛精力和忍耐力。(4)有助于情绪的控制,预防和治疗身体疾病。(5)有助于延缓衰老,集中精力,提高身体素质。

正式训练:找一个舒适安静的地方坐下或躺下,你可以把一只手放在胸口上,另一只手放在腹部,当你吸气时,试着慢慢数到4,呼气时也慢慢数到4。这样做4分钟,看看你是否更放松些,无论你从口或鼻子呼吸都可以,哪种呼吸方法对你比较舒服,就用哪种方法。最好是用鼻子,如果你不适应,就先用口。温和地慢慢呼吸,而不要大口吸气。每天早晚各练习5~6分钟,这样可以使你学习和习惯这种呼吸方式,并且自己逐渐体会这种呼吸方式给你带来的一些良好感觉。

2.肌肉放松训练

准备动作:在一般情况下,放松训练程序要先自行紧张身体的某一部位,如用力握紧手掌10秒钟,使之有紧张感,然后放松5~10秒。这样经过紧张和放松多次交互练习,在需要时,便能随心所欲地充分放松自己的身体。通常施行紧张松弛训练的身体部位是手、手臂、脸部、颈部、躯干以及腿部等肌肉。

正式训练:肌肉放松训练时,要保持心情轻松,并舒适地坐在椅子上,训练最好在遮光且隔音设备较佳的房内进行,并拿掉眼镜、手表、腰带、领带等容易妨碍身体充分放松的物品。大约休息二三十分钟后,再进行放松训练。指导语如下:"从事这项放松训练,可以帮助你完全地放松身体。你可以根据下列步骤耐心进行,当你操作紧张活动时,如果感到紧张,再持续操作 5 秒钟,直到感觉到紧张到达极点,方可完全松弛下来,让有关部位的肌肉显示出十分无力,特别要用心体验放松后的一种快乐感。现在请跟着(我的)指示做。"

(1)紧握你的左拳和右拳——注意手和前臂的紧张,(5 秒钟后)放松;

(2)自腕关节向上弯曲你的手,尽量使手指指着肩部——注意手背和前臂肌肉的紧张——放松;

(3)举起双手臂,用力将手指触至双肩——注意双臂肌肉的紧张——放松;

(4)耸起肩膀,越高越好——注意肩膀的紧张——放松;

(5)皱起额头——注意紧张,然后放松,并略微闭上眼睛;

(6)紧紧地合上双眼,试探紧张与放松的感觉,再轻轻闭上眼睛;

(7)用力将舌头抵住口腔上部——注意口腔内肌肉紧张——放松;

(8)紧闭双唇——注意口腔与下颚的紧张——放松;

(9)用力向后仰起头部——注意背部、肩膀以及颈部的紧张——放松;

(10)用力低头,尽量将下巴靠住胸部——注意颈部与肩膀的紧张——放松;

(11)作弓形弯曲背部,并离开椅背,双臂向后推——注意背部和肩膀的紧张——放松;

(12)做一次深呼吸,并持续一段时间——注意背部和胸部的紧张——吐出空气——放松;

(13)做两次深呼吸,持续一段时间——吐出空气——放松;

(14)用胃部吸入空气,尽量使其膨胀——注意腹部的紧张——放松,感觉到你的呼吸更加稳定;

(15)抽紧腹部肌肉——注意到腹部的紧张——放松;

(16)臀部用力并压住椅座——注意到臀部紧张——放松;

(17)抽紧腿部肌肉,伸直双腿——注意到腿部肌肉的紧张——将双腿放回原姿势——放松;

(18)双脚脚趾向上,并逐渐抬起双脚——注意双脚和小腿肌肉的紧张——放松;

(19)向下弓起脚趾,犹如要将脚趾埋入沙土一般——注意双脚弯曲时的紧张——放松。

按照上述方法做,大约经过 1～2 周时间就能在几分钟内让自己全部放松。

3.心率协调训练法

作用:控制焦虑和抑郁,降低血压,激活免疫系统。

第一步:把你的注意力转向内在,做两下深沉而缓慢的深呼吸,一定要专注于呼吸,直到吐尽一口气;停几秒,再开始下一轮的自然吸气。重点是让你的心神随着呼气流动,跟随着它,一直到胸口某处,让心神明亮起来,变得轻柔,有点飘飘然的感觉。

第二步:呼吸稳定以后,专注于心脏区域 10～15 秒,之后再呼吸,并随着呼吸想象每一次吸入氧气都滋润你的身体,每一次呼气都排除没用的废气,可以想象你的心如一个孩子在一盆暖水里浸浴,自由自在地嬉戏……

第三步:尝试感知胸口出现的温暖或扩张的感觉,并且用思想和呼吸促进鼓励它。此时可以想象心如刚从冬眠中苏醒的动物,让它充满对自然温暖的爱意和感激;也可以回忆自己曾有的感激之情……当你注意到自己的嘴角泛起微笑时,这就表明心率的协调已经建立起来了。

[**活动**]反思自己以前常用的自我心理调整策略,结合今天所学的的内容,完善改进之。

1.认知调整策略

以前做法:_____

_____

_____

准备如何改进:_____

_____

_____

2.情绪调整策略

以前做法:_____

_____

_____

准备如何改进:_____

_____

_____

3.时间管理策略

以前做法:_____

_____

_____

准备如何改进:_____

_____

_____

4.身心放松策略:

以前做法:_____

_____

_____

准备如何改进:_____

_____

_____

[**附录**]教师心理压力自测

认清问题,才能解决问题。下面是一个简易的教师心理压力自测评估,你可以问问自己,根据自己在过去 12 个月内的经历和感觉来回答这些问题。

1.你是否在嘈杂的环境中工作或者生活?(　　)

2.你是否有时候很难集中注意力?(　　)

3.你是否经常有失眠的困扰?(　　)

4. 你是否对工作不满意或觉得责任心重大?（ ）

5. 你是否为计划进展不顺利而恼火?（ ）

6. 你是否和某些人包括亲人经常争吵?（ ）

7. 你是否常对家人或者小孩没有耐心?（ ）

8. 你是否常无法安静下来,并且容易感到紧张?（ ）

9. 你是否经常头疼或者胃疼?（ ）

10. 你是否经常忘记了东西放在哪里?（ ）

11. 你是否有家人健康状况不良?（ ）

12. 你是否常考虑到家庭的经济状况?（ ）

13. 你是否觉得做什么事情都提不起兴趣?（ ）

14. 你是否有暴食或过度抽烟的倾向?（ ）

15. 你是否常觉得没有倾诉的地方?（ ）

这些问题中,如果你只有2~3道题回答"是",表明你所感受到的心理压力程度不高;如果你有4~8道题回答"是",则表明你的心理压力较大,这时如果能够了解引起自己心理压力的根源是十分重要的;如果这些题目中间有8道以上你都回答了"是",则表明你正承受着较大的生活压力,这时,你要冷静下来好好想想如何减压了。

参考文献

[1]叶澜.教师角色与教师发展新探[M].北京:教育科学出版社,2001.

[2]辛涛,等.从教师的知识结构看师范教育的改革[J].高等师范教育研究,1999(6).

[3]陈向明.实践性知识:教师专业发展的知识基础[J].北京大学教育评论,2003(1).

[4]耿文侠,苏国安.教师的专业素质[M].石家庄:河北人民出版社,2006.

[5]余文森.教师专业发展[M].福州:福建教育出版社,2012.

[6]耿文侠,周保利.美国中小学教师专业化初探[J].河北师范大学学报:教育科学版,2002.

[7]赵国忠.教师最需要什么:中外教育家给教师最有价值的建议[M].南京:江苏人民出版社,2008.

[8]阎团忠.体验·反思·思辨[J].北京大学学报,2000(5).

[9]朱训林.教你成为专家型教师[M].长春:东北师范大学出版社,2010.

[10]吴卫东,骆伯巍.教师的反思能力结构及其培养研究[J].教育评论,2001,(1).

[11]保罗·弗莱雷.被压迫者教育学[M].顾建新,等译.上海:华东师范大学出版社,2001.

[12]齐欣.让每个孩子都成为好学生[M].北京:九州出版社,2006.

[13]张汝伦.坚持理想[M].上海:上海人民出版社,1996.

[14]陈永明.国际师范教育改革比较研究[M].北京:人民教育出版社,1998.

[15]叶澜.教育概论[M].北京:人民教育出版社,1991.

[16]张武升.教学艺术论[M].上海:上海教育出版社,1993.

[17]赵详麟,王承绪.杜威教育论著选[M].上海:华东师范大学出版社,1981.

[18]朱宁波.论教师的专业精神[J].教育科学,1999.

[19]梁伦邦.论高校教师的专业精神及其培育[J].经济与社会发展,2010(8).

[20]任健美.试论特殊教育教师专业精神的内涵[J].高等师范教育研究,2009(7).

[21]范丹红.和谐教育视野里教师专业精神的意义及建构[J].中国成人教育,2007(8).

[22]叶澜.创建上海中小学新型师资队伍决策性研究总报告[J].华东师范大学学报:教育科学版,1997(1).

[23]饶见维.专业精神:教师专业发展的关键词[J].汉江大学学报,2007(8).

[24]李瑾瑜.专业精神——教师的必备素质[J].中小学管理,1997(4).

[25]胡相峰,王潞.论专业化视野下的教师专业精神[J].教育评论,2009(3).

[26]受志敏.中国教师专业精神的缺失与对策[D].硕士论文,2006.

[27]童富勇,程其云.中小学名师专业成长的影响因素分析——基于浙江省221位名师的调查[J].教育发展研究,2010(2).

[28]傅道春.教师的成长与发展[M].北京:教育科学出版社.2001.

[29]裴娣娜,吴国珍.教师专业学习及发展[M].海南:海南出版社,2000.

[30]阿哈.教师行动研究:教师发现之旅[M].北京:轻工业出版社,2002.

[31]菲尔德.批判反思型教师 ABC[M].北京:中国轻工业出版社,2002.

[32]邓友超.教师实践智慧及其养成[M].北京:教育科学出版社,2007.

[33]教育部师范司.教师专业化的理论与实践[M].北京:人民教育出版社,2003.

[34]徐斌艳.教师专业发展的多元途径[M].上海:上海教育出版社,2008.

[35]世界教科文组织.教育——财富蕴藏其中[M].北京:教育科学出版社,2001.

[36]钟启泉."教师专业化"的误区及其批判[J].教育发展研究,2003,(4).

[37]金生鈜.教育哲学是实践哲学[J].教育研究,1995,(1).

[38]赵瑞情,范国睿.实践智慧与教师专业发展[J].教育导刊,2006,(7).

[39]吴德芳.论教师的实践智慧[J].教育理论与实践,2003,(4).

[40]张光陆.教师理解与教师实践智慧的生成[J].教师教育研究,2009,(7).

[41]邓友超.论实践推理与教师实践智慧的养成[J].华东师范大学学报:教育科学版,2006,(6).

[42]邬志辉.论教育实践的品性[J].高等教育研究,2007,(6).

[43]洪汉鼎.论实践智慧[J].北京社会科学,1997,(3).

[44]唐热风.亚里士多德伦理学中的德性与实践智慧[J].哲学研究,2005,(5).

[45]杨启亮.规约与释放:教学实践智慧的选择[J].教育理论与实践,2002,(11).

[46]程亮."实践智慧"视野中的教育实践[J].华东师范大学学报:教育科学版,2008.

[47]易连云.班主任工作[M].重庆:重庆出版社,2006.

[48]罗明东,李里,舒亚玲.班主任工作技能[M].昆明:云南大学出版社,2012.

[49]游正伦.主任工作[M].成都:四川人民出版社,1982.

[50]戚建庄,王北生,王洪元.班主任工作艺术[M].北京:华夏出版社,1991.

[51]侯毅.新时期班主任工作的认知[M].长春:东北师范大学出版社,2010.

[52]王金国,吴丽萍.班主任工作的理论与实践[M].北京:当代中国出版社,1998.

[53]桂世权.心理学[M].成都:西南交通大学出版社,2006.

[54]张大钧.教育心理学[M].北京:人民教育出版社,2003.

[55]潘洪建.有效学习与教学[M].北京:北京师范大学出版社,2013.

[56]龚雄飞.高中新课程教学改革问题与对策[M].呼和浩特:内蒙古人民出版社,2007.

[57]刘丽,田代福.农村中小学教师心理健康问题及对策[J].教育技术研究,2011(10).

[58]余海若.21世纪教师健康手册[M].北京:地震出版社,2006.

[59]李中莹.简快身心积极疗法[M].北京:北京联合出版公司,2015.

[60]朱永新.我的教育理想[M].桂林:漓江出版社,2014.